「次の段階へのステップは、
その前の段階をいかに充実して
経験してきたかにかかっている」

——モンテッソーリの「スモールステップスの理論」

子どもが、何かに強く興味を持ち、同じことを繰り返す限定された時期。
モンテッソーリ教育ではそれを「敏感期」といいます。

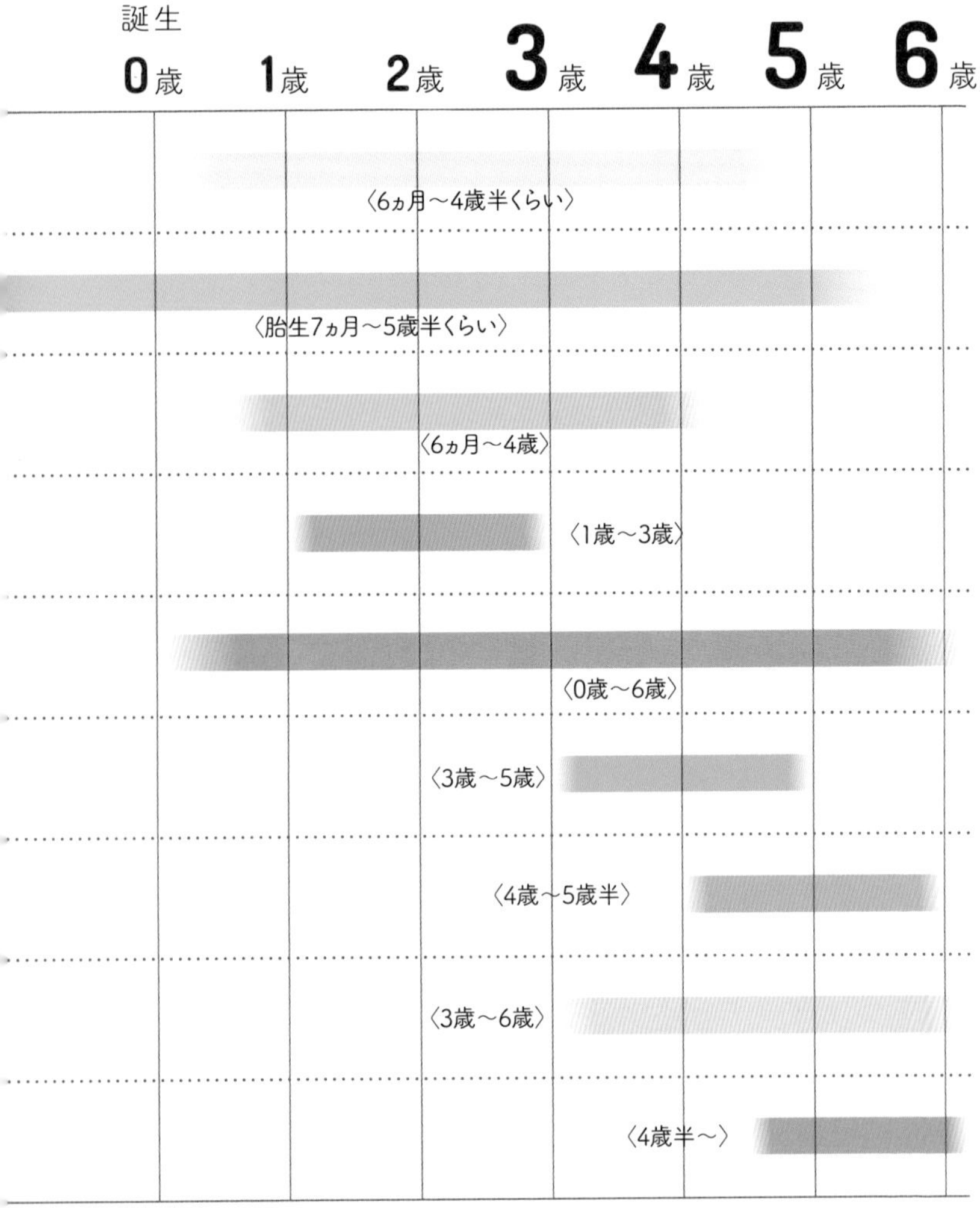

3

子どもの敏感期

		胎内
運動 生活に必要な運動能力を獲得する	自分の意志で動かせる体を作る。歩くなど全身を使う運動から、手指を動かす微細な運動まで、思いどおりに動けたことに喜びを感じる時期	
言語 母国語をどんどん吸収する	胎内でお母さんの声を聞きながら育ち、3歳になるまでに母国語の基本をほぼ習得する。聞くこと・話すことが楽しくてしょうがない時期	
秩序 順番、場所、習慣などに強くこだわる	何もわからずに生まれてきた赤ちゃんは、世の中の仕組みを秩序づけて理解していきます。なので、秩序が乱れると途端に不機嫌になることも	
ちいさいもの ちいさいものをしっかり見たい	赤ちゃんは、生まれてすぐから目の焦点を合わせる練習をします。小さい物に焦点が合わせられて、しっかり見えたときに喜びが生まれます	
感覚 五感が洗練される	3歳前後から、それまでに吸収した膨大な情報を、五感を使って分類・整理し始めます。「はっきり・くっきり・すっきり」理解したい時期	
書くこと 読むことより早くやってくる	手先を動かしてみたいという運動の敏感期と重なり、目でしっかり見ながら書いてみたいという強い衝動に駆られる時期	
読むこと 読むのが楽しくてしょうがない	身近にある文字を読んでみたくてしょうがない時期。いろいろな字を壁に張っておくと、自分から読み始める	
数 何でも数えたい、少し遅めにやってくる	数字を読みたくてしょうがない、数を数えたくてしょうがない時期。「こっちのほうが多い・少ない」など量にこだわるのもこの時期	
文化・礼儀 社会性が芽生え異文化も理解する	朝晩のあいさつや、季節や年中行事などにも興味を持つ。大人の仕草を見て、真似てみたいのがこの時期	

言語の敏感期 ～書く・読む

「言葉を聞く・話す」に加え、文字を書いたり、読んだり。自分をどんどん表現できるようになってきます。

「書くこと」は
「読むこと」より
先にやってきます
（4～5歳半）

指でなぞることが
楽しくてしょうがない

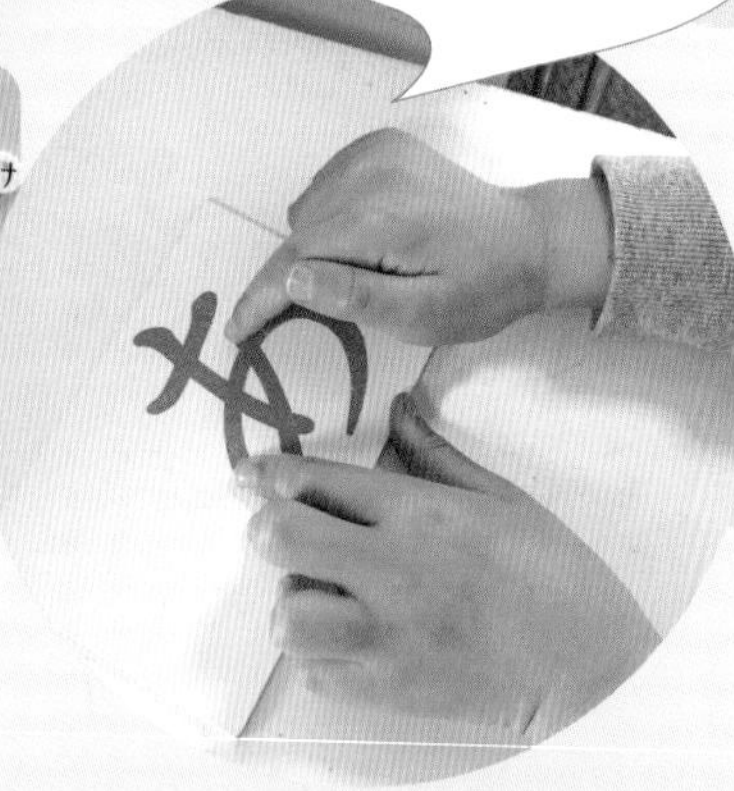

5

数の敏感期 ～数える

数字を読みたくてしょうがない。数えたくてしょうがない時期が4歳過ぎからやってきます。

数えることが楽しくてしかたない！（4～6歳）

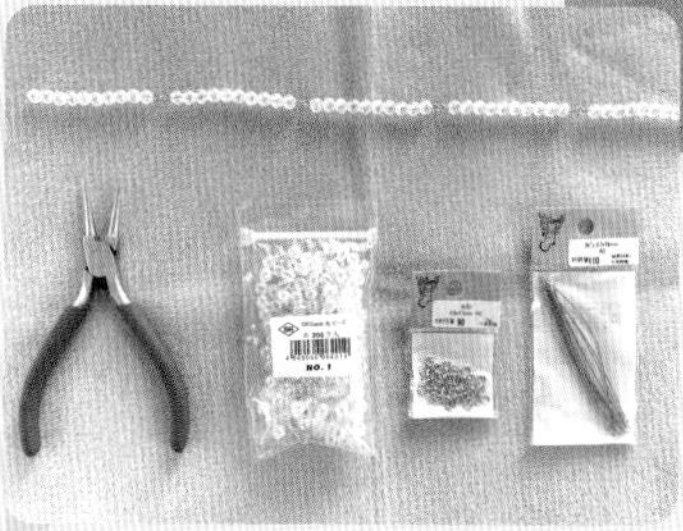

ビーズを使って数のお仕事も手作りできます

感覚の敏感期 ～比べる・分ける

3歳を過ぎると、五感を使って、同じものを探し、比較して、分類するようになります。

仲間分け、高い順に並べる…分類することに集中！

運動の敏感期 ～日常生活の練習

折る、切る、貼る、縫うなどの動きを組み合わせて、日常生活でできることが、どんどん増えてきます。

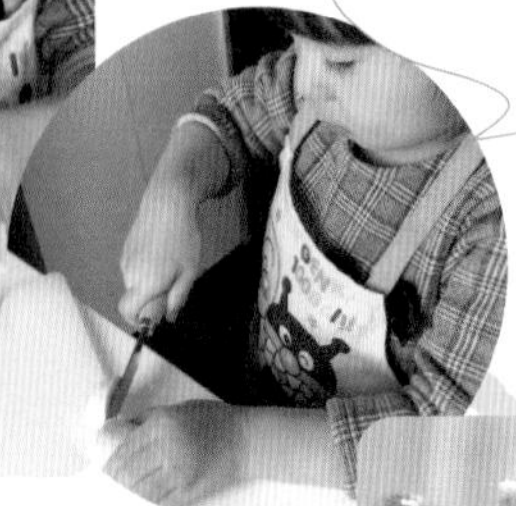

包丁で切ったり、
混ぜ合わせたり･･･
楽しい!

国境のない
地球儀

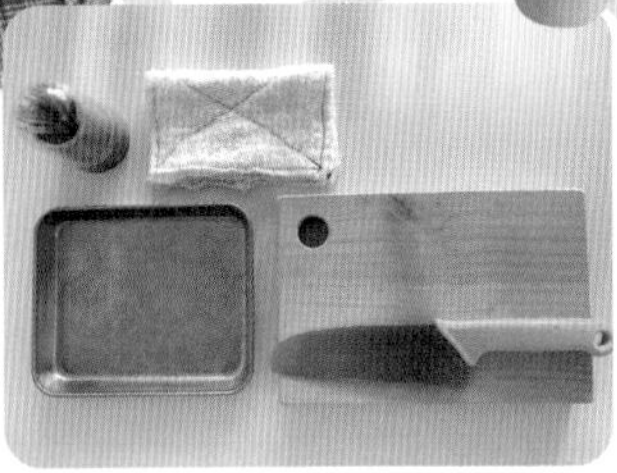

包丁は実際に切れるものを。
先端に丸みがあれば安心♪

角を合わせてたたむ

縫いさしで縫う練習!
本物の針を使います

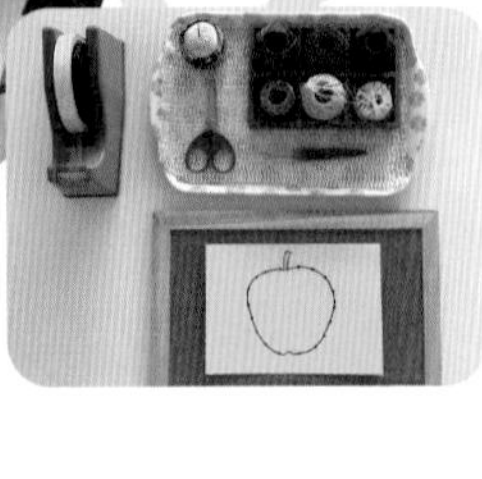

発達の四段階

モンテッソーリ教育では、大人になるまでの24年間を以下のように6年ごとにわけて、「発達の四段階」としています。ここで注目すべきは期間の色。オレンジの時期は変化が激しく、親は要注意！知っているかどうかで大きく変わります。

乳幼児期

もっとも大きく成長・変容する時期。その後の人生を生き抜くために必要な80％の力がこの6年間に身につく。3歳を境に前期と後期にわけられる

前期　0〜3歳

無意識的にすべてのことを吸収する。人間のもっとも大切な能力である「歩く」「手を使う」「話す」が確立する

後期　3〜6歳

0〜3歳で無意識に吸収した膨大な情報を五感を使って整理していく。集団の中で自分を律するようになる

児童期

6〜12歳　小学校

安定した時期。莫大な記憶が可能に。友達が一番、に変化する時期

思春期

12〜18歳　中学・高校

心身ともに大きく変容する不安定な時期。まわりから浮くことを恐れる

青年期

18~24歳　大学

社会に対して、自分がどう貢献できるか考える。成長は安定している

自己肯定感を生む成長のサイクル

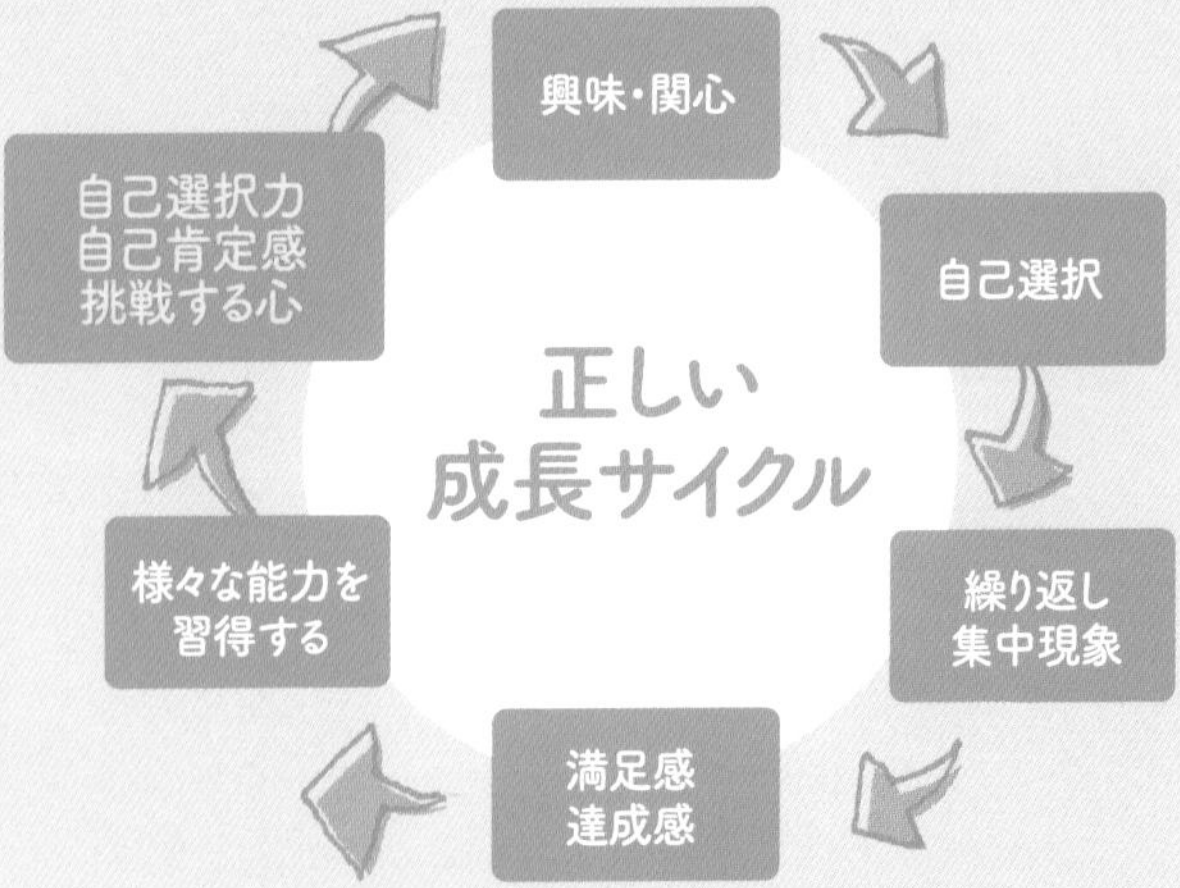
正しい
成長サイクル
興味・関心
自己選択
繰り返し
集中現象
満足感
達成感
様々な能力を
習得する
自己選択力
自己肯定感
挑戦する心

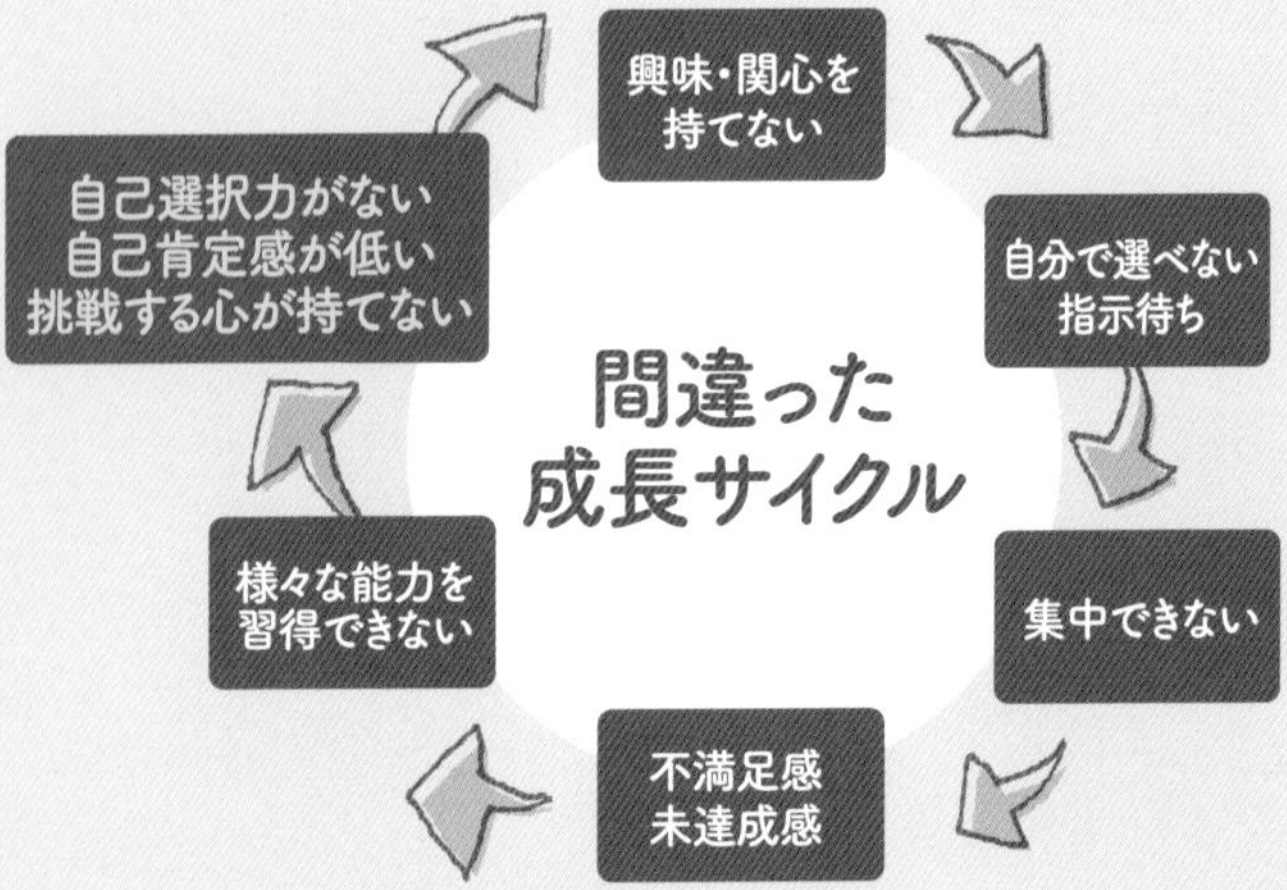
間違った
成長サイクル
興味・関心を
持てない
自分で選べない
指示待ち
集中できない
不満足感
未達成感
様々な能力を
習得できない
自己選択力がない
自己肯定感が低い
挑戦する心が持てない

Montessori method

3~6歳までの 実践版 モンテッソーリ教育で

自信とやる気を伸ばす!

藤崎達宏

はじめに――「ホームメイド・モンテッソーリ教育」を始めましょう

まずはじめに、私が主宰している「モンテッソーリ教育」の子育てサロンに来られた3歳のお子さんのお話をさせてください。

その子は、サロンに来て最初から最後まで2時間、ずっとハサミのお仕事をしていました。お迎えに来たお母さんは「ハサミだけですか……」とがっかりした顔をされました。

あなただったらどう思いますか？

「せっかく来たのだから、ハサミだけでなく、色々な活動をしてほしいのに」と、同じようにがっかりされるかもしれませんね。

しかし、こう考えたらどうでしょうか？

この子は朝サロンに来てハサミを使い始めた時は、その扱いがぎこちなく、なかなかうまく使えませんでした。しかし、繰り返すごとに上達し、帰るころには、スイスイと形を切り抜くことができるようになりました。

この子はもう、**「一生涯、ハサミが上手なままで生きていける」**のです。

素晴らしいことだと思いませんか！

私たちが自転車の乗り方を忘れないのと同じように、幼少期に体を動かしながら身につけたことは、一生涯忘れることはないのです。

3〜6歳は、**「自分の人生の主人公として生きていく」**準備が、楽しく、集中するだけでどんどん整っていく素敵な3年間なのです。


それを見守る私たち親も、子どもの成長に対する正しい知識を事前につける必要があります。こうした**「子育ての予習」**にピッタリなのがイタリア初の女性医師である、マリア・モンテッソーリが始めたこのモンテッソーリ教育なのです。

プロローグで詳しくお話ししますが、100年以上前に、「子どもはまったく無力で、何もできない存在である」という世の中の考え方に反論し、**「子どもは何でもので**

きるように生まれてくるのです。もしできないことがあるとすれば、物理的にできない環境にあるか、やり方がわからないかのどちらかです」と唱えたのです。

そして、「子どもの家」という環境を整え、子どもたちが何でも自分でできることを立証したのです。モンテッソーリの素晴らしい教育法は100年過ぎた今でも、世界中で支持されています。

私は50歳の時にこのモンテッソーリ教育に出会いました。その後、「これは世の人々に伝えなくては」という一心から、20年勤務した外資系金融機関を退職して学校に通い始めました。同僚や家族からは「正気の沙汰ではない」と止められたものです。私自身も「なぜそんな無謀な決断をしたのか」、当時はよくわかりませんでした。

しかし、モンテッソーリ教師養成の授業の中で「人間の傾向性」（232ページ）ということを学んだ時に、「探求し、学んだことを次の世代に伝えたい」という強い衝動は、私だけのものではなく、古代から人間に脈々と流れる当たり前の本能だったのだと知りました。そして、自分のしていることへの確信が持てるようになりました。

モンテッソーリ教育は、子どもの自律、集中力、創造力などを高める素晴らしい教育で、今、世の中を動かしている経営者も多く受けてきた教育法です。

たとえば、Amazon の創業者であるジェフ・ベゾス、Wikipedia の創設者ジミー・ウェールズ、Google の共同創立者セルゲイ・ブリンとラリー・ペイジ、日本国内では藤井聡太棋士もモンテッソーリ教育で育ちました。

しかし、モンテッソーリ教育には最大のデメリットがあります。

それは、受けられる専門の施設が極端に少ないことです。

モンテッソーリ教育と出会い、敏感期の大切さを実感し、わが子にも受けさせてあげたいと思っても、近隣に施設があることは稀です。

子どもの家、モンテッソーリ幼稚園・保育園をすべて合わせても全国で１０００施設に満たないと言われています。

全幼児教育施設の２・５％にも満たないのです。運よく近隣に施設があっても、送り迎えであったり、教育資金などの家庭事情で通わせられないこともあると思います。

モンテッソーリ教育を知れば知るほど「0～6歳の敏感期に適切な働きかけをすることがいかにわが子にとって大切か」がわかってきます。

わが子の一生に一度しかない敏感期に、モンテッソーリ教育を受けさせたいという強い想いは、親であればみな同じだと思います。

「家庭で、できないものだろうか？」

これが**ホームメイド・モンテッソーリ**の原点です。

「ホームメイド・モンテッソーリ」は、私が作った言葉ではありません。前作『0～3歳までの実践版 モンテッソーリ教育で才能をぐんぐん伸ばす！』はおかげさまで多くの読者から大変ご好評をいただいています。タイでも翻訳出版されました。

そしてそのタイの本につけられたタイトルが、『HOMEMADE MONTESSORI』だったのです。

「モンテッソーリ教育を自宅で受けさせたい」と望む親の想いは、世界共通だったのです。自宅でのモンテッソーリ教育の輪が世界で広がっていくことを夢見て、ホームメイド・モンテッソーリをこの本のメインテーマにいたしました。

本格的なモンテッソーリ教育を受けるためには、モンテッソーリ園に通い、基準を満たしたモンテッソーリ教具と、しっかりと教育を受けたモンテッソーリ教師の存在が必要です。これは揺るぎのない事実です。

しかし、ホームメイド・モンテッソーリの目的は、自宅をモンテッソーリ園のように改造することでもなければ、皆様がモンテッソーリ教師の資格を取ることでもありません。

この本の中には、自宅で実施できる範囲のことが紹介されています。その中から自分の家庭でできることを取り入れることで、わが子のことをより深く理解して、親としての自信をつけることが目的です。

どんなに短時間でも、一部分だけでも、毎日でなくても、やらないよりはやったほうが良いことだけは絶対に確かなのです。

この本に紹介したことは、私が理論を基にして「ホームメイド」で実践していることばかりです。

最低限の理論と、必ず実践できる事例を30に絞りこみました。

また、**本書は「子どもの成長に応じた親のバージョンアップ」**を、もう一つのテーマとしています。パソコンもスマートフォンも、技術の進化に応じてバージョンアップが欠かせません。子どもの成長に合わせて、親も成長していきましょう。

これまで多くの子どもたちを見てきましたが、私は3歳以降の子どもを見ることが大好きです。それはあたかも、草木が長い冬を超え、春に花を咲かせ、新緑の季節へと刻々と姿を変えていくがごとく鮮やかな移ろいです。人間としてのダイナミックな変化を、ぜひ見逃さないでください。

本書が、子育ての楽しさを味わい、親も子も幸せな人生を歩んでいく一助となれば幸いです。

藤崎達宏

もくじ

prologue

子どもの「できた！」を育てるモンテッソーリ教育

chapter 1

3〜6歳 子どもの力を伸ばす30の方法

●本文イラスト　河合美波
●本文デザイン　土屋裕子（株式会社ウエイド）

prologue

子どもの「できた！」を育てるモンテッソーリ教育

子どもの能力を引き出し、伸ばす
モンテッソーリ教育

「子育ての予習」が復習や反省よりずっと大切です

皆様は学生時代に、「赤ちゃんが生まれたら、こう育てるんですよ」というような授業を受けたことがありますか？

誰も受けた経験がないと思います。

しかし、子どもを授かると、自動的に母親、父親になるわけです。初めての子育ては本当に大変です。わからないことばかり。まさに緊急事態の連続です。

しかし、人間の子どもの成長というのは、過去数百年さかのぼっても、ほとんど変化していないのです。

「あなたのお子さんは、何歳何カ月になると、この成長過程に入るので、こんな行動をとるんですよ！」とあらかじめわかっているのです。

まるで、学校の先生が「はい～ここテストに出ますよ」と言ってくれているようなものなのです。

ということは、子育てを「予習」しない手はありませんよね。

これが、私のおすすめする**「子育ての予習」**なのです。

そして、子育ての予習にぴったりなのがモンテッソーリ教育なのです。

本文でしっかりお伝えしますが、モンテッソーリ教育の主軸でもある「敏感期」の表（巻頭2ページ）には、「子どもの成長過程が、何歳何カ月にはこんな感じになりますよ」と明記されています。ですから、親はそれに合わせて準備をするだけで良いのです。

ご注意いただきたいのは、**「予習」などというと、幼いうちから先取りして知識を詰めこむ「早期教育」のイメージを持ってしまうこと**ですが、実は逆です。

親が子どもの成長を「予習」することで、子どもの成長している姿がよく見え、楽しみながらじっくりと、充実した子育てをすることができるのです。いうなれば、その子に適したタイミングで、その子に合った教育をする**「適時教育」**なのです。
「適時」ということは〝タイミング〟が大切だということです。きちんと予習をしておかないと、いつの間にか、わが子の成長のタイミングを逃してしまうことになります。

子どもはどんどん成長します。成長が過ぎ去った後に、「あ～、あの時は、こうしておけば良かったのにね～」といった**「復習」や「反省」は、子育てにおいては不要**なのです。

本書には3歳から6歳までに、皆様のお子様が年齢ごとに通る道が明記されています。そして、親としてどのような準備をすればいいか、家庭ですぐにできる方法が実践的に書かれていますので安心してください。

それでは、モンテッソーリ教育がどういうものかを知ることから始めましょう。

モンテッソーリ教育入門

いつ、誰が始めた教育ですか？

モンテッソーリ教育の創始者、マリア・モンテッソーリは1870年にイタリアで生まれました。日本でいえば明治維新のころです。

1907年に子どもが自分で何でもできるような環境を備えた「子どもの家」をつくったのがモンテッソーリ教育の始まりだとすれば、110年以上前ということになります。ずいぶん古い教育法なんだなぁと感じると思います。

しかし、今でも変わらず世界中で多くの人から支持されているのはなぜでしょうか？

それは、人間の子どもの成長プロセスには数百年経っても変わらない、「普遍性」があるからなのです。

そして、世界中で文化や風習に違いがあっても、子どもの成長は変わりません。**「人間の成長の普遍的な原理に則った教育法」**だからこそ、モンテッソーリ教育は、今も昔も世界中で支持されているのです。

それだけでなく、モンテッソーリ教育は今、さらに再注目を浴びているのです。

GAFAという言葉があります。現代社会を牽引《けんいん》しているといっても過言ではない企業、GoogleやApple、Facebook、Amazonの頭文字をとったものですが、その中でAppleを除く3社の創始者が幼少時にモンテッソーリ教育を受けて育ったのです。時代の寵児ともいえる彼らが、モンテッソーリ教育を通して何を身につけたのか？　そうした経験が、これからの時代を生きる、わが子にどう役に立つのか？　本文では深く掘り下げていますので楽しみに読み進めてください。

モンテッソーリ教育とは、どのような教育ですか？

110年以上前には、イタリアでも日本でも、

「子どもは何もできない存在なのだから、親や教師の言われた通りにしていればいいんだ！」

「子どもは元気に外で遊んでいればいい、勉強は小学校に入ってからやればいいんだ！」

というのが世の中の定説でした。

それに対してモンテッソーリは真っ向から違う意見を主張しました。

「子どもはすべてのことができるように生まれてくるのです。もし、できないことがあるとすれば、物理的に不可能な環境にあるか、どうすればいいのか、やり方がわからないだけなのです」

「環境を整え、やり方さえ教えれば、子どもは何でも自分でできる」。そのことを証

明したのが、1907年にイタリアのスラム街にモンテッソーリが設立した「子どもの家」なのです。

子どもの家では、机、椅子、棚、トイレ、洗面所に至るまですべてが子どもサイズ。包丁やハサミなどの道具も子どもサイズの本物を整えました。

そうした環境に置かれた子どもたちは、生まれ変わったように自ら活き活きと活動を始めたのです。

このように、子どもが本来持っている力を信じて、親や教師は「**自分一人でできる**ように手伝う」、これがモンテッソーリ教育の本質なのです。

この本の使い方

この本は、自宅で簡単にできる、つまりホームメイドで可能な30の項目に絞り込んであります。

前作『0～3歳までの実践版 モンテッソーリ教育で才能をぐんぐん伸ばす！』で

は年齢別にきっちり区切ってまとめましたが、3歳を過ぎると、成長の速度は加速し、こだわりの分野や深さは、それぞれの子どもによって幅が出てきます。

「3～6歳対象」の本書では、本文中に年齢を書いていますので、それを「目安」と考えてください。目安とマッチしなくても焦る必要はありません。なぜなら**「成長のプロセスの順番は変わらない」**からです。何でも早くできれば良いというわけではありません。先を急ぐのではなく、わが子の今を大切にしてください。

たとえば、鉛筆がうまく操れるようになるには、その前の成長段階で、つまんだり、ひねったり、ねじったり、手指を使う活動をたくさんしておく必要があるということなのです。

早く〇〇ができるようになってほしいという親の焦りで先取り教育をして、成長の順番、ステップを飛ばしてしまわないように注意しましょう。

決して焦らず、完璧を求める必要もありません。

「次の段階へのステップは、
その前の段階をいかに充実して経験してきたかにかかっている」

—モンテッソーリの「スモールステップスの理論」

子どもの本来持っている力を信じて、一人でできるようにお手伝いをしていきましょう。

それでは、モンテッソーリ教育についての基礎ができましたので、実践に入っていきましょう。

▲「できた！」子どもの笑顔を増やしていきましょう！

chapter

1

3～6歳 子どもの力を伸ばす30の方法

keyword 1

わが子の今が見えてくる「子どもの発達の四段階」

ホームメイド・モンテッソーリは、「わが子は今、どの成長段階にあるのか?」を知ることから始まります。

そのために最適な指標となるのが、モンテッソーリが考え出した**「子どもの発達の四段階」**（巻頭のカラー7ページ）なのです。

私ども大人は、「子どもは〝大人の小さい版〟なのだから、年齢を経て、体型がどんどん成長するのに合わせて、心や中身もなだらかに成長していくものだ」と考えがちです。しかし、モンテッソーリはこう言っています。

「子どもの中身は年齢ごとに大きく変容していきます。それは、あたかも、蝶が卵で生まれて、青虫になり、サナギになり、そしてあの美しい蝶へと羽化していくかの如く変容しているのです」と。

そして、その変化を「子どもの発達の四段階」としました。

これを知っていると、子育てがとてもに楽に、楽しくなってきますので、しっかり予習しておきましょう。

再び巻頭の7ページをご覧ください。人間が0歳で生まれて、24歳で大人になるとして、この24年間を6年ごとの4つの期間に分けて「発達の四段階」としました。0~6歳までの小学校に上がるまでの期間を「乳幼児期」、6~12歳の小学校の期間を「児童期」、12~18歳の中学・高校の期間を「思春期」、18~24歳大学・大学院の期間を「青年期」と分けています。

注目いただきたいのは、その色分けです。オレンジ・青で交互になっています。オレンジの「乳幼児期」と「思春期」は、とても変化が激しいので、親は注意しなくてはいけない時期です。青色の「児童期」と「青年期」は心身ともに成長が安定しているので、親は少し安心していい時期と言えます。

皆様のお子さまは、第一段階の「乳幼児期」にいると思います。オレンジ色の注意の時期ですね。

生まれてから小学校に上がるまでの6年間は、日本でも世界でも「子どもは何もできないのだから、親や先生の言う通りにしていれば良いんだ」とか「お勉強は小学校に入ってから。それまでは外で遊んでいればいいんだ」といった考え方が主流でした。

ところが、モンテッソーリは、**「0〜6歳の期間には、その後長い人生を生き抜いていくのに必要な80%の力が備わる、人生で一番大切な時期である」**とまったく違った考え方を示しました。

そうです、皆様のお子様は、人生においてまさに一番大切な「乳幼児期」にいるわけです。

もう一度、巻頭の図を見てください。皆様のお子様が生きている「第一段階の乳幼児期」の真ん中に、赤い線が引かれています。

「神様は0〜3歳、3〜6歳の子どもの間に、赤い線を引いたがごとくお分けになった」とモンテッソーリは言っています。

このように、**乳幼児期は、さらに3歳を境に前期と後期に分けられ、**3歳を境に大きく変容していきます。

ですから、モンテッソーリ教師の資格も0〜3歳、3〜6歳の2つに分けられているのです。教師のあり方も子どもの成長に合わせて変えなくてはいけないからです。

私の著書が0〜3歳・3〜6歳の2部構成になっている理由はここにあるのです。これまでの日本のモンテッソーリ教育についての書籍は、0〜6歳としていて対象が広く、ぼんやりした内容になっていました。しかし本書は、3〜6歳を対象として、自宅でできることに絞り込んで書きました。ご自宅でもできることがたくさん紹介できています。

3歳を境に子どもたちは大きく変わっていきます。皆様はパソコンもスマートフォンも進化するのに合わせて、「バージョンアップ」を欠かさないはずです。子育ても同じです。私たち親も、子どもの成長に合わせて見かたを大きく変えなくてはならないのです。まさに、子育てのバージョンアップをする必要があるのです。

記憶の仕方が大きく変わる「無意識的記憶と意識的記憶」

まずは、3歳を境に記憶の仕方に大きな変化が出てきます。

0～3歳までの子どもは**「無意識的記憶」**という記憶の仕方で、見たもの聞いたものを、あたかも写真で撮るように、無意識的にどんどん情報として取り込んできました。その吸収量は膨大で、バケツの中に無造作に放り込まれたような状態で保存されてきました。

しかし、3歳を過ぎるころから、私たち大人が使っているのと同じ**「意識的記憶」**という力が芽生えてきます。そして、バケツの中に無造作に放り込まれていた情報を**「ハッキリ、クッキリ、スッキリわけて整理したい!」という強い衝動**に駆られるようになります。

視覚・触覚・聴覚・味覚・嗅覚、この五感をフルに使って整理が始まるのです。まさしく「知性の芽生え」と言えるでしょう。

モンテッソーリは３歳を**「知性の境界線」**（a border line in mans mental formation）と呼び、３歳前後を境として、子どもは新しい時期に入ると言っています。

親としてぜひ、わが子のダイナミックな変化を見逃さないでください。

Point

ホームメイド・モンテッソーリ教育

- □ 子どもは四段階で大きく変容する
- □ ３〜６歳の子は今、第一段階の**「乳幼児期の後期」**にいる
- □ ３歳を境に知性が芽生える

keyword 2

モンテッソーリ教育はここから始まります「敏感期」

モンテッソーリ教育で「子育ての予習」をしていく上で、最重要のキーワードが「敏感期」というものです。

敏感期とは、子どもが何かに強く興味を持ち、集中して同じことを繰り返す、ある限定された時期のことを指します。

巻頭カラー2ページの図を見てください。敏感期にはたくさんの種類があります。このように0~6歳までの6年間に9種類の敏感期が現れては消えていきます。これらの敏感期の中で、3~6歳の間に、特に重要になってくるのが次の5種類です。

❶運動の敏感期

❷感覚の敏感期
❸言語の敏感期（書く、読む）
❹数の敏感期
❺文化と礼儀の敏感期

です。

この5種類の敏感期が順番にやってくるのではなく、**波状的に重なって、関わり合いながら到来するのが3歳から6歳の特徴**なのです。より複雑になり、それぞれの子どもによって、こだわるジャンルや深さが大きく違ってきます。

しかし、親がそれぞれの敏感期の特徴を予習して、正しい視点で観察できるようになれば、「わが子の今」が見えてきます。

先日もある子のママからこんな質問がありました。

「3歳の息子が、1時間も部屋にこもって出てこないので、そっと覗いてみたら、1

００体くらいある戦隊ヒーローの人形を背の高い順にきれいに並べて、ニタニタ笑っていたんです！　うちの子大丈夫でしょうか？」

私は「息子さんはメチャメチャ順調ですよ！」と答えました。

彼は今、運動の敏感期にあり、手指を自由に動かし、繊細にものを使えるようになることに集中しています。倒れやすい戦隊ヒーローを慎重に並べることができるようになったことが嬉しくてたまらないのです。

それに加えて、感覚の敏感期がきているので、**高さにとても敏感**になっているのです。

慎重に高さを比べて、高さの順でダンダンに並べ、うまく、順番に並べられたことにニタニタしていたわけです。

お母様には「知性の芽生えですね！　素晴らしい集中力ですよ！　手先の器用さは一生の宝になりますので、そっと見守ってあげてくださいね！」とお伝えしたら、上機嫌で帰って行かれました。

このように、一見、謎の行動であったり、イタズラにしか見えない行動にこそ、成長のヒントが隠れているのです。

子どもの成長に対する正しい知識をもってしっかり見守ることができる親と、「イタズラばかりして！　気持ち悪い！　片づけますよ！」と、中断させてしまう親とでは、子どもの成長が180度変わってきてしまうのです。

その差はただ一つです。親が「知っているか、知らないか」にかかっているのです。これこそ私が提唱する「子育ての予習」の重要性なのです。そして、子育ての予習の教科書としてピッタリなのが、モンテッソーリ教育なのです。

さらに大切なことは、**「○○期、というものには、必ず始まりがあって終わりがある」**ということなのです。

敏感期も「期」ですので、始まりがあって終わりがあります。6歳を過ぎると敏感期の強いこだわりは、ほとんど消えてしまうのです。

モンテッソーリはこう言っています。

「親や教師が、子どもの敏感期を見落とすことは、終バスに乗り遅れるようなものだ」

要は敏感期は二度とやってこないということなのです。

ちょっと残酷な言い方ですが、事実なのです。だから「予習」が必要なのです。通り過ぎてから、「あ～、あの時が敏感期だったのね、ああしておけば良かったのか」と復習をしたり、反省してもあとの祭りなのです。

「いくら敏感期の存在を予習しても、モンテッソーリ園に通わなかったら、終バスに乗り遅れちゃうじゃないですか」

ご安心ください。ご両親がこの本で子育ての予習をして、子どもを見る目を磨けば、敏感期を見逃す心配はありません。家庭でできることはたくさんあります。

それが本書でお伝えする「ホームメイド・モンテッソーリ」の目的なのです。

わが子の敏感期は二度とやって来ません。だからこそ、どんなに短時間でも、一部分だけでも、毎日でなくても、やらないよりはやったほうが良いことだけは絶対に確かなのです。

さぁ、できることから取りかかりましょう。

Point
ホームメイド・モンテッソーリ教育

- □ 3～6歳は様々な敏感期が重なってやってくる
- □ 敏感期には始まりがあり、終わりがある
- □ どんなに短時間でも、一部分だけでも、毎日でなくても、やらないよりはやったほうが良いことだけは絶対に確かである

column

モンテッソーリ教育なんて知らなくても大丈夫

モンテッソーリ教育でなければ絶対ダメだ！　などと私は申し上げません。普通の幼稚園や保育園であっても、子どもに対する正しい見方を持った親や教師のもとであれば、子どもはしっかり育ちます。私もその一人です。

私の両親はモンテッソーリ教育の「モ」の字も知りませんでした。当然、私自身はモンテッソーリ教育を受けていません。

幼稚園の年長さんのころでしたでしょうか。戦車のプラモデルをもらった私は、喜んで組み立てていましたが、すこし難しい作りだったので父親に手伝ってほしいと頼みました。

しかし、「設計書をちゃんと見ればできるはずだ」とガンとして断られました。私は不貞腐れながら自分で組み立てましたが、やはりモーターのスイッチがうまく接着できなくて動かない戦車ができあがりました。

column

しかし、翌日、父親がまったく同じプラモデルを買ってきてくれたんです。そして、「もう一度設計書をよく見て組み立ててみろ」と言って渡されました。父は倹約家でしたので、子ども心に驚きました。

私はもう一度チャレンジし、見事成功！　モーターで戦車が動いた時の感動は今でも忘れられません。以降、プラモデルにハマったことは言うまでもありません。

技術屋の父親からすれば、手伝うことは、いとも簡単だったと思います。しかし、それをせずに、自分で組みあげた喜びを私に勝ち取らせたのです。

私はモンテッソーリ教育を学んだことで、父親がしてくれた本当の意味にこの年になって気づき、感謝しています。父は子どもの力を信じて見守り、最後まで自分でやり抜くことの重要性に気づいていたのだと思います。

このように、知識がなくても、子どもの正しい見守り方を持っていれば、特別な施設に通わなくても、生きたモンテッソーリ教育は可能だということなのです。

keyword 3

自分が人生の主人公になる！
「運動の敏感期～日常生活の練習」

それでは、敏感期の一つ、「運動の敏感期」から予習していきましょう。

巻頭2ページの敏感期の一覧表を見てください。一番上の運動の敏感期は生まれてすぐから6歳まで続いています。しかし、3歳からその運動の中身が大きく進化していきます。

0～3歳までの子どもは、「自分の体を、思いきり動かす」ことが目的でした。「立つ、歩く、つかむ、つまむ、ひっぱる、刺す、はめる、通す」など、それぞれの運動自体を身につけることに一生懸命になり、動きをマスターすることに喜びを感じてきたのです。

しかし、3歳をすぎると、それまでにマスターした単体の運動を、組み合わせて、使いこなし、日常の生活に活かす段階に入ってきます。これをモンテッソーリ教育では**「日常生活の練習」**と言います。

日常生活の練習を繰り返すことで、小学校に上がるころには、**身のまわりの日常生活のほとんどを、人の力を借りずに、自分でできるようになる**のです。

まさに、モンテッソーリ教育の最終の到着点である「自分の人生の主人公になる」に向かっていくのです。

だからこそ、子ども自身が大きく変化していくのに合わせて、私たち親の見守り方や、子どもを取り巻く環境を「バージョンアップ」していく必要があるのです。

わが子が何でも自分で決めて人生の主人公として生きていくのか、親に何でもしてもらわなければできない、言われた通りにしか行動できない「指示待ち」の人生を生きていくのか、それが3歳から6歳の3年間の親の見守り方で決まってしまうのです。

厳しい言い方になってしまいましたが、とても大切な分かれ目に立たされていると思ってください。

モンテッソーリ教育における「日常生活の練習」は、さらに次の4つに分かれています。

①運動を調整できるようになる
②自分自身に配慮ができるようになる
③まわりの環境への配慮ができるようになる
④気品と礼儀を身につけるようになる

では、それぞれ見ていきましょう。

❶運動を調整できるようになる

3歳までは力まかせに走り回ることで、自分の体が動くこと自体に喜びを覚えていました。3歳をすぎると、その動きを調整する段階に入ってきます。

ハサミで切る、のりで貼るなど、様々な道具を使うようになってきます。それらを、思い通りに使いこなすためには、「**力加減の調整**」が必要になるのです。自分の力と心を調節する。これが「**自律**」の始まりなのです。

たとえば折り紙をハサミで切って、のりで画用紙に貼るという活動を順を追って分析しながら見てみましょう。

①折り紙を片手に持つ
②反対の手でハサミを開き、刃を紙にあてる。閉じて切る
③自分の思い通りの形に切っていく
④のりのふたをねじり開ける
⑤のりのチューブを絞り、適切な量を指に出す
⑥指で折り紙にのりを塗る
⑦思い通りの場所に折り紙を貼る
⑧はみ出たのりを拭きとる
⑨のりが乾くまで、触らないで待つ

どうでしょう？　たくさんの種類の動きが合わさっていて、子どもにとって、いか

に「自分を律すること」が必要な活動かがおわかりいただけると思います。

このような活動を、集中し、繰り返すことで、どんどん上手くなっていきます。そして**「自分の動きが洗練されていく」**ことに喜びを覚えていくのが、3歳以降の運動の敏感期の特徴です。

このように、子どもの活動が複雑になり、レベルが上がっていくのですから、親の見守り方が大事になります。そのカギとなるのが**「観察力」**なのです。

たとえば先の折り紙の活動のように、それぞれの動きをバラバラに分析しながら見る練習をします。そうすることで、わが子が行き詰まっている部分も見えてきます。

ハサミの連続切りがまだできないとか、のりのふたが硬くて開けられないとか……。観察していくうちに、どう援助すれば、その問題をわが子が自分の力で解決していけるかが見えてきます。

ハサミのサイズは子どもに合っているか？　もっと簡単なレベルのハサミの活動を提示してみるとか？　のりをチューブ式ではなく、ボトル型に代えてみるとか？

モンテッソーリ教師は、常に子どもの活動を観察し、行動を分解して、解決策を考えるトレーニングを徹底的に積んでいます。しかし、それは特別な学校に通わなくてもできることです。

「日々の生活の中で、手を出し、口を出してしまう前に、わが子を観察してみよう！」、そう決めるだけで、わが子の本当の「今」が見えてくるのです。

❷自分自身に配慮ができるようになる。

自分の人生の主人公になるためには、身のまわりのことを自分でできることが第一歩になります。このことをモンテッソーリ教育では**「自分自身への配慮」**としています。

自分のことが自分でできるようになって初めて、自分以外のものや人に目が向いていくのです。

たとえば、朝起きてから、登園するまでの活動を観察してみましょう。

①朝、自分で目覚めて、床から起きる
②顔を洗う
③食事をする
④歯を磨く
⑤排泄をする
⑥着衣を着替える
⑦カバンを肩にかける
⑧上靴を履く

それぞれの活動には、様々な「運動の調整」が必要になります。

たとえば、服を着るところで行き詰まっているのはなぜなのでしょう？　ボタンがはめられないことが原因であっても、朝の忙しい時間に、服を着たまま、ボタンのはめ方を教えるのはとても難しいものです。

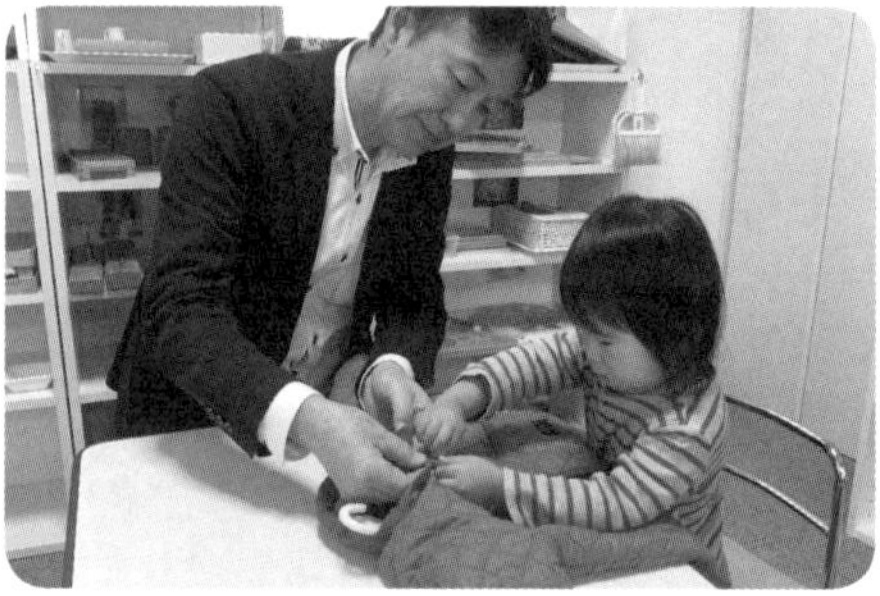

落ちついた時間帯にボタンの大きな、はめやすい服を机の上に置いて、ゆっくりとやり方を見せてから、机の上でボタンをはめる練習をします。

このように、難しい活動を部分的に取り出して、ゆっくりその活動だけを繰り返すことで、自分一人でできるように援助していくのです。こうしてマスターしていくことを、モンテッソーリ教育では**「困難性の孤立化」**と言います。言葉はちょっと難しいですが、子どもの動きを観察する力がつけば、ご家庭でも活用できるテクニックです。

こうした身のまわりの活動が一つずつできるようになることが、小学校へ通うまでの準備になっていきます。「一人でできるように手伝う」、この言葉を心に刻んで見守ってまいりましょう。

❸まわりの環境への配慮ができるようになる（4歳から）

自分自身に配慮ができるようになって初めて、「世の中は自分だけではないんだ」と気づくようになります。これが年中さんくらいです。それまでの子どもたちは自己

中心的で当たり前だと心得ましょう。まわりの環境に配慮するとは、たとえば、

1 動物、植物のお世話をする
2 食事の準備をする、片づけをする
3 掃除を手伝う
4 お茶を入れて、人に差し出す

など、世の中には自分以外にも人や生物がいることを知り、その環境に自分が働きかけ、その環境に自分が変化をもたらすことを経験します。

お手伝いなどで、感謝される。**自分は社会の役に立つことができるんだという「自己有用感」が、将来の自己肯定感の土台**になっていくのです。

❹気品と礼儀を身につける（4歳半から）

日常生活の練習を通して、運動が洗練されます。また、自分自身やまわりの環境にも配慮ができるようになっていきます。

そして、自分が生活するコミュニティのルールを知り、日常生活でのたしなみや礼

運動の敏感期

0〜3歳までは自分の体を、思いきり動かすのが目的

体を動かすこと自体が目的

立つ、歩く、つかむ、つまむ、
ひっぱる、刺す、はめる、通す

↓

3〜6歳はこれまでの動きを日常生活に活用するのが目的。

日常生活の練習

これまでの動きを合わせて
「自分の人生の主人公になる」

日常生活の練習はさらに次の4つに分かれます

❶運動を調整できるようになる
❷自分自身に配慮ができるようになる
❸まわりのものや人に配慮ができるようになる
❹気品と礼儀を身につけるようになる

儀を覚えます。そして、自分を適切に表現することから気品は生まれます。

気品と礼儀の入り口は挨拶です。世界中の国々には、それぞれの挨拶があります。子どもは生まれた地域の挨拶の言葉を学ぶだけでなく、どんな時に、どのようなタイミングで言えばいいのかを習得します。

私たち大人の所作すべてがお手本になります。子どもは見て学び、真似をする天才です。ぜひ、この敏感な時期に、適切で気品に満ちた所作を伝えたいものです。

また、他人のことを思いやる気持ちの芽生え、社会の道徳を学ぶのもこの時期です。公共の場や交通機関でどのようにふるまうのか？　どのような時には大きな声を出すべきではないのか？　様々な社会のルールを学んでいきます。

Point

ホームメイド・モンテッソーリ教育

- □ 3歳以降は「日常生活の練習」で成長する
- □ 自分の人生の主人公になるか、指示待ちの人生を送るか？　大きな分かれ目
- □ 親の観察する目が大事
- □ 自分が社会の役に立つことを知り、「自己有用感」を感じる

keyword 4

自分の考えを形で表現できるようになる

「運動の敏感期の実践〜運動の調整」

「折る、切る、貼る、縫う、結ぶ」などは、道具を使い、加工し、自分を表現していくのに必要な運動です。小学校に上がるまでに、洗練された動きを身につけておけば、一生涯使える、豊かな表現力が身につきます。

「こうしたい・こう思う」と感じたことを、言葉以外の方法でも、思い通りに表現できるなんて、素晴らしい人生ですよね！

ここでは、ホームメイドで簡単にできる活動をお伝えしていきます。

【折る】（3歳から）

●折り紙（一番最初が一番大事）

折り紙は日本文化の伝統の一つです。この時期に手が覚えたことは、自分が親になっても、祖父母になっても忘れないものです。ぜひ、わが子にも伝承したいものです。平面の紙から立体を生み出すことは、「幾何学」の学びの種にもなります。
しかし、折り紙は、最初の一折りをきっちりそろえて折れないと、決して見本のようには完成しません。きっちり折れた喜びを獲得するために、最初の一折りをしっかり教えてあげましょう。

一番最初は折り紙に折り線をサインペンで書いておきます。「この線に合わせて折ります」「角と角を合わせます」と言って、ゆっくりとお手本を見せます。そのまま開いて、子どもに渡します。一度折れているので簡単に折ることができます。次は最初から子どもが自分で折ります。何枚か折ったものは、開いて後日また使います。

●洗濯物をたたむ（3歳から）

紙のように堅いものは子どもには折りにくいものです。ハンカチやタオルなどの洗濯物を一緒にたたみながら、二つ折り、四つ折りと楽しみながら覚えるのも有効です。

●分解する（4歳から）

折ることは大切ですが、紙でできた箱を「分解」してみることも良い体験です。構造が良く理解でき、将来、「展開図」の理解につながります。

「分解してみたい」という衝動は、「どういった仕組みになっているか知りたい」という好奇心の現れです。5歳以降は箱だけでなく、不要な家電をドライバーなどで、一緒に分解するなどの体験も貴重です。

●道具・素材をセットする（3歳から）

折り紙や画用紙、工作道具、クレヨン、ハサミ、のり、セロハンテープなどは机の脇に置き、子どもが自由に制作に取りかかれる環境として常にセットしておいてあげましょう。

[切る] 目と手の連動を促す最高の活動

ハサミで紙を切るという活動は、目と手を連動させて動かす練習に、とても有効です。ポイントはハサミ選び。子どもの手の成長に合わせた機能と、大きさ、重さに注意して道具を選びます。

モンテッソーリ教育で子どもに道具を準備する上での注意点は「本物」を選ぶことです。小さくてもきちんと切れ、子どもの力で楽に開閉ができるハサミを選びます。

●切る活動（3歳から）

不要なハガキを1㎝幅に切ります。写真のようにサインペンで線を引いておきます。この線に合わせて一発で切ります。

注意点は、子どもはハサミの先端を見てしまうことが

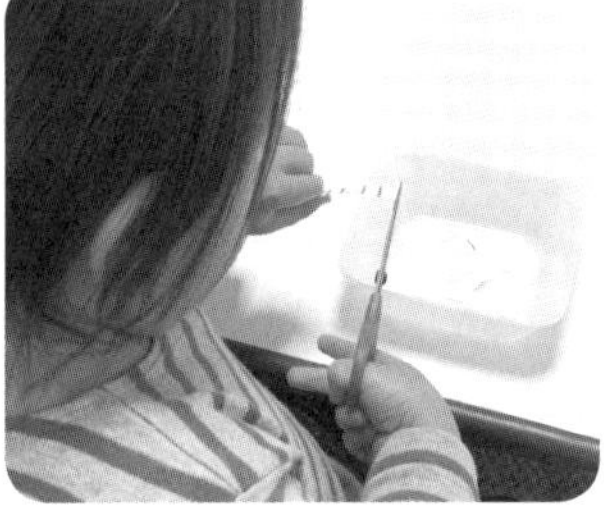

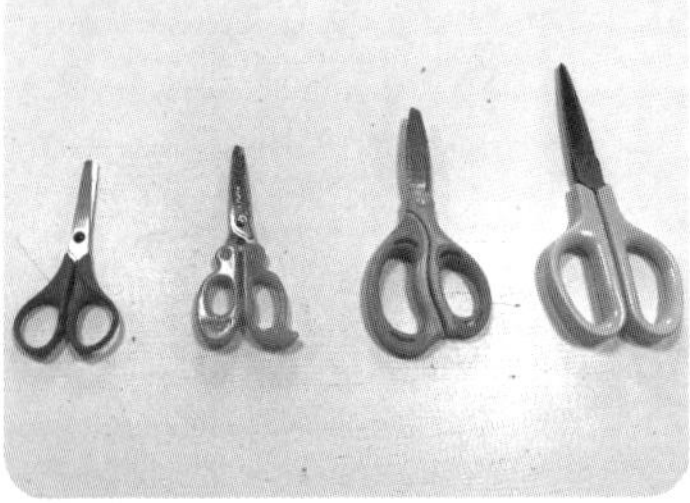

▲子どもの手の成長に合わせて遊びましょう

多いことです。開いた歯の根元に、しっかり目線を合わせるように注意します。一発切りができるようなったら、連続切りへと移行していきます。

［貼る］ベタベタも楽しんで！

●のりで貼る（3歳から）

下の写真のようなボトルに入ったのりがおすすめです。「指につける⬇ぬる⬇貼る」のプロセスを身につけます。

人差し指に「適量」をつけるのは子どもにとっては難しい作業です。濡れた雑巾を置いておき、自分で手を拭くことを覚えます。

最近はママがウェットティシュでその都度拭いてあげることが多いせいか、教師に「拭け！」とばかりに指を突き出す子どもも多くいます。汚れたら自分で拭

くという習慣をつけます。
きれい好きも大切ですが、子どもにとっては「ベタベタ」も大切な感覚です。

●セロハンテープで貼る（3歳から）

セロハンテープの正しい使い方も見せてあげましょう。写真のようなしっかりした台があるものがおすすめです。子どもは2つの行動を同時に行う「〜ながら」が苦手です。片手でセロハンテープを持ちながら、反対の手でセロハンテープを出して切ることはとても難しいことなのです。

セロハンテープは適量を引き出し、歯のところに当て、下向きに力を加えると上手に切れます。そのためには、手で持たなくてもすむ、重く、安定した土台が必要なのです。

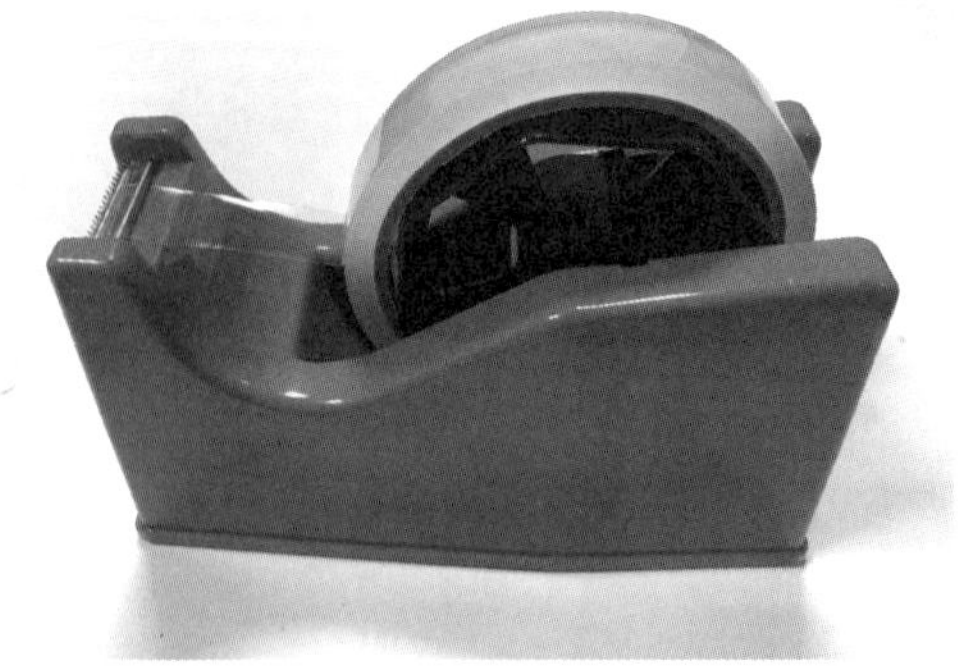

●シールを貼る（3歳から）

子どもに大人気のお仕事に「シール貼り」があります。

1 カラーシール（同じ色、同じ大きさを1枚ずつ切り、数枚皿に入れる）
2 台紙（レベルに合わせて数種作る）
3 ゴミ皿（シールをはがしたゴミを入れる）

上手にはがし、丁寧にピッタリと線に合わせて貼ることで、手指の繊細な使い方と集中力が身につきます。

発展として、小さいシールで貼る枚数を増やしたり、様々な大きさを混ぜ、大きさを選択させるなど、レベルを上げていきましょう。

［縫う］（4歳から）

最近は裁縫をする機会がなくなり、ボタンづけができない大人もたくさんいます。しかし、この年代の子どもにとって縫うという活動は大変魅力的で、モンテッソーリ園でも大人気のお仕事です。自律心が芽生え、道具を慎重に使えるようになってきたら、是非、ご自宅でトライさせてあげてください。

準備するもの

・針（本物で、太めの縫い針を1本だけ）
・針刺し（針を使い終わったら必ず針刺しに刺す習慣）
・刺繍糸（4色程度をそろえ、自分で好きな色を選択する）
・台紙（厚めの画用紙など）13㎝×18㎝　簡単な絵をサインペンで描き、点を書いておく。点の数は偶数

（偶数だと裏から入れ、最後は裏に抜けて綺麗に仕上がる）
・目打ち（穴あけ）必ずキャップがあるもの
・コルク板
・ハサミ（小さなもの）
・セロハンテープ（最後をとめる。慣れて来たら玉結びでとめる）
①コルクの板の上に台紙を置いて、点の部分を目打ちを使って穴をあける。
②好きな色の糸を子どもが選んだら、親が針に通し、糸の終わりを玉結びにするまで手伝う。
③親が裏側から穴に針を通して何回か縫ってみせる。
※ハサミ・針などの危険なものを使うお仕事の時は、机を壁に向けてつけ、対面や利き手側には他の子どもが来ないようにしましょう。
不用意に後ろから声をかけないなどの注意が必要です。

【結ぶ・編む】(4歳から)

ひもや糸を結ぶことは生きていく上で大切な能力です。最初は太く、短めのひもでかた結びから練習していきます。ポイントは、ひもを数多く準備しておくことです。何回も同じ活動を繰り返すことで、どんどん上達します。まずは「結ぶ」だけを繰り返します。「ほどく」は次のステップで良いのです。

5歳になると、編み物にも挑戦します。数週間かかる超大作にチャレンジする子も出てきます。男の子が編み物なんて！　と思われるかもしれませんが、集中力と持久力がとてもつきます。フィンランドでは編み物は男の子に大人気の活動だそうです。

折る、切る、貼る、縫う、結ぶなどの基本的な活動は、これから何十年という人生を生きていく上で、自分の身を守る意味でも、大切な能力となります。

これらは、手指を動かしたくてしょうがない「運動の敏感期」に、楽しく、何回も繰り返すことでしか身につきません。

また、目と手を連動させる活動が、わが子の脳を最大限に活性化させるのです。

なぜ、同じ活動を繰り返すと頭が良くなるのでしょう？

脳の神経ネットワークは、よく使う回線は太く、しっかりとしたものになり、使わない神経は自然に淘汰されていきます。これは、野原に道ができていくのと同じです。最初は草が生い茂っている野原も、同じ場所を人や獣が何回も通ることで、踏み固められ、道になっていきます。わが子の頭の中でも、同じ活動を繰り返すことで、電気信号が脳の神経細胞を何万回も流れ、よく通る道ができていくのです。

Point ホームメイド・モンテッソーリ教育

- □「折る・切る・貼る・縫う・結ぶ」で豊かな人生を！
- □道具や素材は、子どもが自由に選べるように机にセットする
- □手指を繰り返し使うことで、「いい頭」ができあがる

keyword 5

観察ノートでわが子の一日が見えてくる

「運動の敏感期〜自分自身への配慮」

自分の人生の主人公になるか？ 親の指示待ち人間になるか？ この大きな差は、自分のことを自分で決められるかどうかにかかっています。

わが子の観察ノートを作る

朝からのわが子の活動を観察し、一つずつ分析することから始めましょう。

専用の観察ノートを準備して記入していくことをおすすめします。

ノートの書き方は自由ですが、真ん中に縦線を引いて、左には観察を箇条書きに、右には環境の改善点や、親としての気づきを書き込みます。この部分が、あなたが親としてバージョンアップした部分ということになります。ちなみに、モンテッソーリ教師はこうした観察のトレーニングを徹底的に積んでいます。

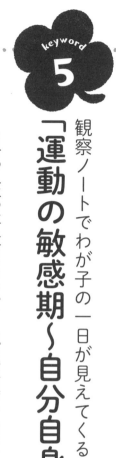

①朝、自分で目覚めて、床から起きる
②顔を洗う
③食事をする
④歯を磨く
⑤排泄をする
⑥着衣を着替える
⑦カバンを肩にかける
⑧上靴を履く

それぞれの活動をバラバラに分析して、わが子がどこまで自分でできているか？　どの部分でつまずいているのか？　環境を変えればできるようになるのか？　やり方を教えればできるようになるのか？　を考えます。

たとえば、顔を洗う活動でも、洗面台の前には踏み台があって、自分で登れるか？　蛇口は自分で開けることができるか？　締めることができるか？　顔を拭くタオルは手の届く場所にあるか？　などの環境も見直していきます。

どのご家庭も朝はあわただしく、そんな悠長なこと言っていられません！　という声も聞こえてきそうですが、だからこそ「少しずつ、自分でできるようにしていく必要」があるのです。

1週間に1項目だけでもOKです。「今週は自分で靴を履く練習をさせてあげよう！」と、決めたら、毎晩、落ち着いた時間に練習します。あわただしい朝に教えても、口での指示が増えるだけです。

親も子どもも落ち着ける時間に、ゲームのように楽しみながら、何回も練習をしましょう。ロールプレイゲームのように親子で楽しみながら練習することがポイントです。

1週間に1項目でも、1年間で50項目も自分でできることが増えていくのです。急ぐ必要はありません。小学校に上がるころには、ほとんど身のまわりの準備が、一人でできるようになっているのです。

全部、親が代わりにやってしまえば時間は早くすむかもしれません。しかし、それでは、自分の人生の主人公にはなれないのです。

最初は時間はかかるかもしれませんが、一人でできるようになる度に、自分自身が主人公になれる準備がどんどん積み重なっていくイメージを持ってください。ここが、頑張りどころです。

●鏡を見る習慣（3歳から）3歳過ぎたらマイ姿見をセット

自分を客観的に見られるようになる行動の代表が「鏡を見る」ことです。子どもが全身を見られる高さに、専用の姿見をセットしましょう。大人向けの高さで、子どもは首から上だけが映っている配置が多いので注意。

鼻水が垂れている時に、何も言わずに親が拭きとってしまっては、何の気づきも生みません。「ちょっと、鏡を見に行ってみようか？」と誘い、自分の鼻水が垂れていることを、自分で見て発見させてあげましょう。

●服の着脱（3歳から）

オシャレも大切ですが、この時期の服装は「一人で脱ぎ着ができるか？」を基準に選びましょう。ホック・ファスナー・ボタンなど、苦手な活動はないか観察します。

たとえばボタンが苦手なことがわかったら、服を着たままでは練習しません。大きなボタンの服を机の上に置いて練習します。これがモンテッソーリ教育の「困難性の孤立化」です。

5歳を過ぎたら、前の晩に、明日、園に着ていく服を選んだり、持ち物の準備をする習慣ができるのが理想です。

最初は「どちらにする?」と二者択一で選択して、並べておくだけでも、翌朝の段取りがとても良くなります。二者択一で、何でも自分で選択していくことが、自分の人生の主人公になる第一歩になるのです。

●線上歩行(3歳から)モンテッソーリ園で重要な活動

運動の敏感期にある子どもたちは、塀の上や、路上の縁石の上などを好んで歩くようになります。こうした動きをすることで、自分の歩きを洗練させようと一生懸命なのです。

そして、3歳を過ぎると、自分のエネルギーを自分で制することを覚えます。これが「自律」の始まりです。このような時に有効な活動に「線上歩行」があります。

幅が２・５～５㎝の白いビニールテープを用意します。これを、ご自宅の床に綺麗に貼るだけで準備完了です。最低でも５ｍくらい必要です。

まずは親がお手本を見せます。大切なことは「真剣にやってみせる」ことです。

月齢が上がり、歩行が簡単にできるようになったら、手に旗を持ったり、頭にお手玉を乗せたりして難易度を上げるとさらなる集中が現れます。

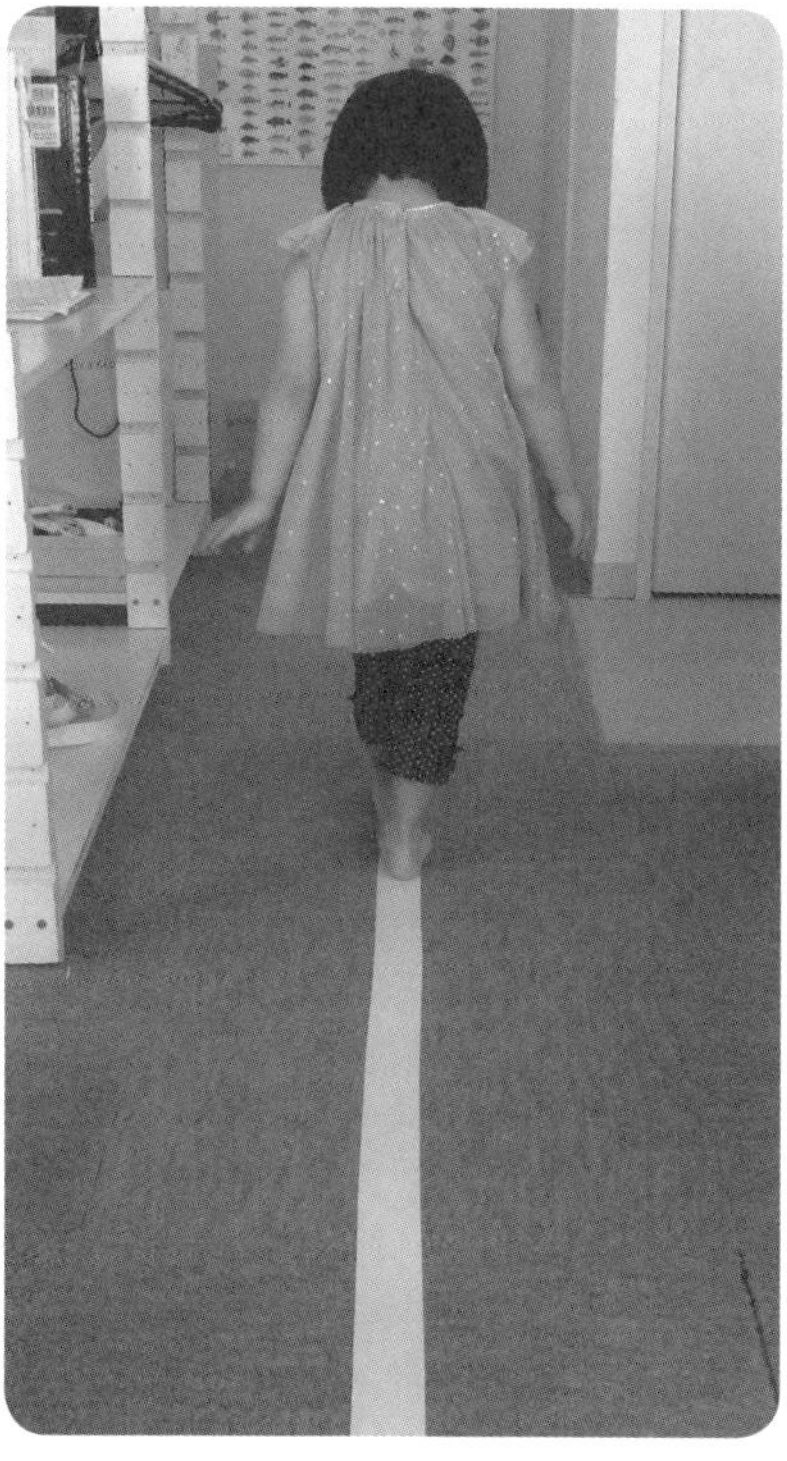

この線上歩行と、94ページで紹介する「静粛の練習」はモンテッソーリ園でとても重要な位置づけにあるお仕事です。

「真の自由を手に入れるためには、まず自分自身を征服する者にならなければならない」

と考えたのです。

自分の人生の主人公になるための大事な第一歩は「自律」にあるのです。

Point

ホームメイド・モンテッソーリ教育

- ☐ わが子の観察ノートを作ろう
- ☐ 1週間に1個、一人でできることを増やしていく
- ☐ 練習はロールプレイゲームのように楽しみながら
- ☐ 鏡を自分で見ることで、自分を客観視する目が育つ

keyword 6

「運動の敏感期〜環境への配慮」

「お手伝いをしたい」という強い衝動

子どもは、自分の身のまわりのことが自分でできるようになって初めて、まわりのものや、人に対して配慮ができるようになっていきます。これが運動の敏感期の中の「まわりの環境への配慮」です。

人の役に立つことが喜びになり、自分自身が世の中のためになることを感じ、「自己有用感」が芽生えます。こうした経験の積み重ねが将来の「自己肯定感」へとつながっていきます。

自分が社会に有用だと感じられる体験の代表が「お手伝い」です！

人の役に立ちたいという「敏感期」なのです。子どもの中に芽生える、優しく、強い衝動を大切に育てましょう。

●飲み物を注ぐ（3歳から）

水を注ぐなどの活動が子どもは大好きです。しかし、いきなり、ミルクなどの大きな紙パックから注ごうとすると、必ず失敗してしまい、叱ることになってしまいます。順番に活動のレベルを上げていきましょう。

1 粒の大きな豆などをあけ移す（こぼれても問題ない数）
2 粒の小さな米などをあけ移す
3 液体のあけ移しに移行する

液体の難しさは、適切なラインで注ぐのを止めないと「あふれてしまう」点にあります。この練習により、自分を制する「自律」の力が育ってきます。

写真は「色水注ぎ」という教具ですが、ご自宅でも簡単に作ることができます。注意点は3つです。

1 子どもが自分で持てる大きさ、重さ
2 こぼしても大丈夫な少量が入る安定の良いコップ
3 ここで止めるというラインに線を引いておく

このような段階で練習を積めば、マイピッチャーでお茶やミルクを注いで、家族のみんなにサーブできるようになります。「ありがとう」の声が、嬉しくてたまらない活動です。

●窓拭き（3歳から）

霧吹きで水を吹きかけて窓を掃除する。これも、モンテッソーリ園で人気の活動です。子どもの手の大きさに合った霧吹きを準備します。

注意点

窓以外に向けない。

水遊びになってしまう前に終了する。

●ものを運ぶ（3歳から）

しっかり歩けるようになると、何かものを持って、バランスをとりながら歩きたくなります。適切な大きさのかごやバッグを用意して、お買い物のお手伝いをお願いしましょう。重いものだからこそ持ちたがる運動の敏感期です。

また、適切な大きさの「マイトレイ」を準備し

て、配膳のお手伝いもお願いします。
両手に取っ手のあるトレイを、お腹につけて持つとうまくいきます。

●野菜を切る（4歳から）

包丁を使う活動もモンテッソーリ園では大人気です。「子どもに包丁を持たせるなんて、危ない！」と思われるかもしれませんが、しっかりと考えられた環境で、しっかりと正しい使い方を教えれば、子どもは危険な道具もしっかりと使いこなします。そして、お手伝いができることで「自分は社会の役に立つ人間だ」と実感していくのです。

用意するもの

1 包丁（本物だが、子どもサイズで、先はとがっていないもの）

2 包丁のカバー（他の人への配慮）
3 まな板（しっかり安定性があるもの）
4 小さな布きん（包丁やまな板を拭く）
5 切る対象（きゅうり、魚肉ソーセージなどの長細いもの）
6 小皿（切ったものをならべる）
7 つまようじ（皿にならべてようじをさしてサーブする）
8 調味料（食卓塩・マヨネーズなど）

※お母さんの料理をする姿は、子どもにとっての憧れの的です。子どもの成長に合わせて任せられるお手伝いを増やしていきましょう。
子どもサイズの道具も少しずつ増やしていくことで、できることがどんどん増えていきます。

●鉛筆を削る（5歳から）

鉛筆削りは電動ではなく、写真のような手動のものを準備しましょう。

鉛筆削りのハンドルを回す動きは、子どもが大好きな活動です。鉛筆が尖り、削りカスが下に溜まる構造が魅力的なようです。

しかし、片手で鉛筆削りをおさえながら、反対の手でハンドルを回すことがうまくいきません。**子どもは「〜ながら」、2つの作業を同時にすることがとても苦手なのです。**机にクランプで固定すると、ハンドルを回すことだけに集中できます。

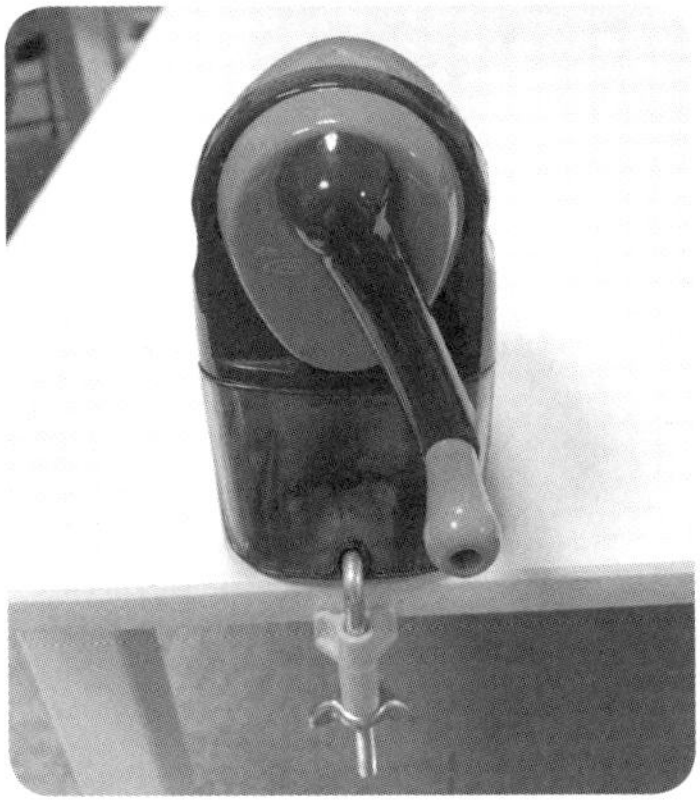

▲しっかり固定する

自分で鉛筆を削りそろえることは、1年生になる準備の第一歩です。

5歳を過ぎたら、ナイフで鉛筆を削る体験もさせてあげましょう。「ナイフなんて危険だ！」と思われるかもしれませんが、危険だからこそ正しい使い方を教えてあげる必要があるのです。ナイフでの削る時の力加減は「自律」の最終章とも言えるでしょう。

下の写真のような「スカッター」という鉛筆削り専用の安全ナイフもありますので、活用されてみてはいかがでしょうか？

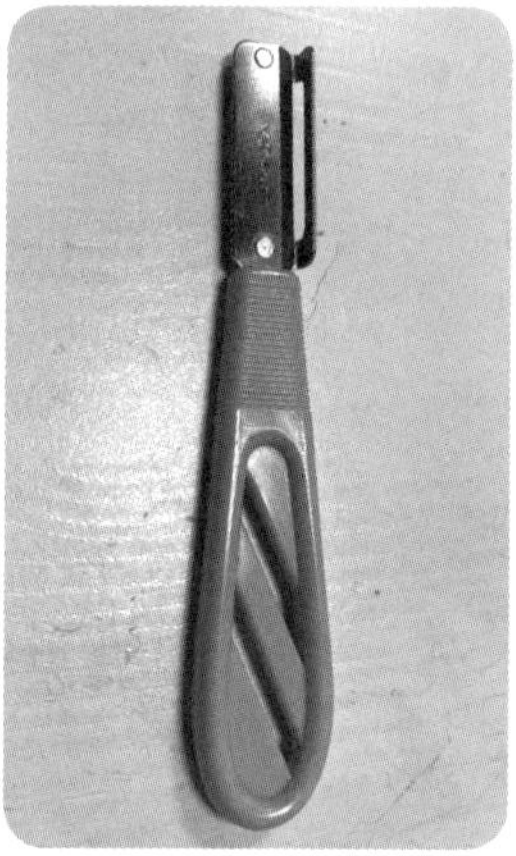

▲スカッター（義春刃物株式会社）

Point

ホームメイド・モンテッソーリ教育

- □お手伝いで自分が社会に役に立つことを感じる
- □何でも持って運びたいという運動の敏感期
- □包丁・ナイフなど、危険を自ら制する活動が「自律」を育む

keyword 7

AIにない能力を研ぎ澄ます！

「感覚の敏感期」

モンテッソーリは3歳を「知性の境界線」（a border line in mans mental formation）と呼び、この時期を境として、子どもは新しい時期に入ると言っています。「感覚の敏感期」の到来です。3歳からの「わが子の感覚の芽生え」を親として見逃さないようにしましょう。

0〜3歳までの乳幼児期前期は、見るもの、聞くもの、触るもの、すべての印象を、カメラで写すように**無意識のうちにどんどん吸収**してきました。そのストック量は莫大で、巨大なバケツに無造作に放り込まれるような状態で保存されてきました。

3歳が近づくと、この莫大にためられた情報を**意識的にきちんと整理して、理解したい**という強い衝動に駆られるようになります。

その整理に必要になるのが**「五感」（視覚・聴覚・触覚・嗅覚・味覚）**なのです。

まさに、**「感覚の敏感期」**の到来です。

キーワードは「ハッキリ・クッキリ・スッキリ・わかりたい」です。

親はこの変化を見逃さずに、わが子が五感を磨ける環境を整えることが大切です。**研《と》ぎ澄まされた五感は、豊かな人生を楽しむ一生の友となり、これからの不確実な世を生き抜いていく一生の武器になります。**

AIが持ちえないもの！　それは「五感」です。米認知心理学者「ゲーリー・クライン博士」は、「五感を働かせることで外部から情報を収集し、直観とシミュレーションを駆使して意思決定することは、人間だからこそできること」と断言しています。

感覚の敏感期に突入した子どもはあたかも、**「神様からの宿題」**に取り組んでいるかのようです。

「今、あなたは触覚が発達してきているから、できるだけ、たくさんのものを手で触ってみるんですよ」

「今、あなたは何でも匂いを嗅いでみて、嗅覚を磨くんですよ」

「敏感期が終わってしまう前に、たくさん、たくさん五感で感じなさい！」

と神様から言われているのかもしれません。

「モンテッソーリ教育と言えば感覚教育」とも言われるように、五感それぞれを独立して活用するように組み立てられた教育プログラムは他に類を見ません。

論理的思考を身につける三段階

モンテッソーリは**「人間の知性の本質は、区別をするところにある」**と言っています。自分の身のまわりにある様々なものの中から、同じ性質のものを集め、それ以外のものと区別する。それこそが、物事を論理的に考える源になるのです。その区別に、フル活用される道具が「五感」なのです。そして、論理的な考え方は次の3つの段階を経て成長していきます。

●第一段階「同一性」

感覚の敏感期の訪れの一番のヒント！
それは**「同じ〜！」**です。

3歳前後の子どもが、同じ色や同じ形など、「同一性」にこだわり出したら、わが子の「感覚の敏感期」がやってきたと思ってください。
「パパとママ、同じ赤いシャツだね〜」と言ったり、同じ形のブロックやミニカーだけをきれいに並べてみたり、よく観察していると、そうした兆候が必ず見られるはずです。

▲同じものをならべる「秘密袋」のお仕事（90ページ）

●第二段階「比較」

「同じ〜」ブームの次には、「比較」が始まります。
高さ、大きさ、重さ、音程などを比較して、そのわずかな差にこだわるようになります。

「戦隊人形を背の高さ順に並べてみたり」
「荷物を両手に持って、重さを比べてみたり」

こんな行動が見られたら第二段階の「比較」に入ってきたと思ってください。

●第三段階「分類」

同じものを比較して、その差に気がつけるようになると、第三段階の「分類」に入っていきます。

子どもを公園に連れて行くと、何でもかんでもポケットに入れてきたりします。「汚いからやめなさい！　何度言ったらわかるの！」と母親は叱るわけです。しかし、同じような行動を繰り返しているようでも、期間を分けて観察していくと、その内容が徐々に変化しているのです。最初は何でもポケットに入れてしまっていたのが、ドングリしか入れなくなる。やがて、右のポケットには丸いドングリを、左のポケットには細長いドングリを「分類」して入れるなどと進化してくるのです。

「同一性を見出し、比較し、分類する」、これらは、私たち大人が日常生活でフルに

使っている「論理的思考」なのです。そして、その考える道具になるのが**「五感」**なのです。

大切なことは、まず親が「わが子の感覚の敏感期の訪れを知る」ことです。

そして、わが子が今は、どの五感を使っているのか、興味を持ち、意識を持って見守ることが大切なのです。

Point

ホームメイド・モンテッソーリ教育

- □第一段階＝同一性（同じ）
- □第二段階＝比較
- □第三段階＝分類

次項では、この五感をどう磨くか？ ご自宅でできる方法をお伝えいたします。

column

遠い先を見通した教育

モンテッソーリ教育で最も有名な教具の一つ「ピンクタワー」は、感覚の敏感期のこの子どもの特質をしっかりと捉えた秀逸な教具といえます。

同じピンク色、同じ立方体、違うのは大きさだけ。感覚の敏感期にある子どもは、自分の力で「比較」をして「だんだん大きくなる」「だんだん小さくなる」を規則正しく積めた時に、大きな喜びを覚え、繰り返します。

一番小さい立方体は1立方センチメートルで、一番大きな立方体は1000立方センチメートル、容積で言えば1リットルにあたります。やがてビーズを使って触れていく数の教育、1対1000と同じ関係に作られているのです。

もちろん子どもはそのようなことは知らずに活動しているのですが、このようにモンテッソーリ教育では、その場だけの体験に留めるのではなく、先々で有用な考え方や体験、発展が組み込まれているのです。これを「**鍵の手の原理**」と言います。

keyword 8

五感を刺激するモンテッソーリ教育
「感覚の敏感期の実践」

視覚

五感の中で、脳に最も多くの情報を送っているのが「視覚」です。すべての感覚情報の約7割が目から入ってくる情報なのです。集中して視覚を使うことで、子どもの頭は活性化し、理解し、整理記憶をしていきます。まずは「形」と「色」を判断する能力から伸びていきます。

感覚を身につける三段階

感覚で捉え、それを言葉で表現することが、3歳以降のポイントです。親は次の三段階を意識しましょう。

●第一段階＝「言葉だけ」で伝える。最初は比較しない。

たとえば、子どもが大きなボールを持った時に、タイミング良く「大きい」「大きいねぇ」「大きいボール」と繰り返します。他の大きなものがあったら「大きい」という言葉を伝えます。言葉を繰り返すことで「大きい」という言葉と概念が、子どもに入っていきます。

●第二段階＝比較

次は2つのものを比較して言葉を伝えていきます。**比較するものは同じ種類のものを使います。**

なぜならば、「大きい、小さい」を比較して伝えたいのに、大きい大根と小さいニンジンを比較したらどうでしょう？　子どもは何を比較して良いのか混乱してしまいます。できる限り同じ種類のもので、大きさだけが違うものを比較するのがポイントです。

伝える時のイントネーションを、多少オーバーにすることも効果的です。

［比較する視覚の5つの要素］

・大きい――小さい
・長い――短い
・太い――細い
・高い――低い
・暗い――明るい

●第三段階＝比較級・最上級

2つのものの比較ができ、言葉に出せるようになったら、対象を3つ、4つと増やして比べていきます。

規則正しく並べたら指をさして、「だんだん大きくな～る」「だんだん小さくなる～」と言葉の表現を増やしていきます。

比較級＝「これと、これとではどちらが大き

▲おみやげの「マトリョーシカ」も立派な教具になります

い？」

最上級＝「一番大きいのはどれですか？」「一番小さいのをママにください」と発展していきます。

どうですか？ なかなか深いでしょう？

モンテッソーリ教具は「視覚」だけでも、5つの要素ごとに分けられており、本当に深く考えられて作られています。

そうした教具を操作するモンテッソーリ教師は、勉強と準備を怠りません。しかし、専門の教具がなくても、しっかりした視点を親が持てば、ホームメイド・モンテッソーリ教育は可能です。

色

視覚の情報で大切なものに「色」があります。

モンテッソーリ園では「色板《いろいた》」という専門の教具を使いますが、ご自宅でも同じ活動ができます。

●折り紙でできる「色合わせ」のお仕事

折り紙を半分に切り取り、同じ色どうしを合わせる活動

第一段階＝3原色（赤・青・黄）

第二段階＝11色（赤・青・黄・白・黒・オレンジ・緑・紫・茶・灰・ピンク）

三原色と白・黒を混ぜて作ることができる11色。それぞれの色の名前も定着させる。

第三段階＝発展（明暗）

同じ青でも暗い青と、明るい青があることを伝える。

発展 半分に切った折り紙を複数枚、部屋の中の離れた場所に置く。「これと同じ色のカードを取ってきてください」と、その場で記憶させて、同じ色のカードを取りに行かせる。ゲーム感覚で楽しみながら、ワーキングメモリーを鍛

えることができます。

●24色の色鉛筆

様々な色に興味を示すようになり、色の名前が言えるようになってきたら、クレヨンや色鉛筆も12色から24色にバージョンアップしましょう。

大人の中には「色なんか知らなくても、生きていく上で何の支障もありませんよ」という人もいます。しかし、同じ「みどり」でも「きみどり、若くさ色、うぐいす色」などの区別や、使い分けができたほうが、豊かな人生だと思いませんか？

触覚

赤ちゃんが1歳になるくらいまでは、何でも口に入れて困ったものです。なぜならば、その時期は口の中の感覚が一番敏感だったからなのです。

しかし、3歳に近づくと、何でも口に入れる子どもはいなくなります。なぜならば、「視覚」と手の「触覚」が発達してくるからです。この時期からは、様々なものを手で触らせて、その感覚を言葉で表現するお手伝いをしましょう。

●「触覚さがし」（3歳から）

感覚の敏感期にある子どもを観察していると、いろいろなものを自分の手で何回もなでて、その感触を確認することがよくあります。

この時にタイミング良く、「ザラザラだね～」「スベスベだね～」と言葉をかけます。最初はキョトンとしていても、「じゃあ、ザラザラを探しに行こう！」と、声をかけて部屋の中を探検します。

ザラザラしているものを見つけたら、一緒に手でなでて、「ザラザラだね～」と楽しみます。何種類か触ると、「ザラザラ」という言葉と体感が一致するようになります。

日常生活で、何でも触ってしまうのは「触覚の敏感期」にあるからなのです。お店の品物であったり、危険なものでない限りは、十分に触らせてあげましょう。

●重い・軽いゲーム（3歳から）

触覚の一つに、「重い・軽い」があります。

同じ大きさのコンビニ袋（中身が見えないもの）に、違う重さのものを入れます。

そして、交互に持たせて、「重いね～」「軽いね～」と言葉を入れます。

言葉が定着してきたら「どっちが重い？」と聞いてみます。

さらに、袋の個数を増やして「一番重い袋をください」などのゲームをしても、楽しいですよ！

●「秘密袋」（3歳から）

これも、モンテッソーリ園で大人気のお仕事なので、手作りされると良いでしょう。

次ページの写真のように、同じきんちゃく袋を2個用意します。その中に、子どもが興味を持ちそうで、触っても安全なものを、それぞれの袋に入れておきます。10種類以下が望ましい。

① 子どもに袋の中から好きなものを1個取り出させ、テーブルの上に置きます。この時に袋の中身を見ないで、触覚を使って探し出すことがポイントです。

②「じゃあママが、同じものを出すね」と言って、袋に手を突っ込み、手の感触だけで同じものを出します。「ほら、同じ～！」と言って並べます。

③「今度は、ママが先に出すよ」、そう言って、次の1個を出してテーブルに置きます。

④「同じの、中を見ないで、探せるかなぁ？」と交互に続けていきます。

この活動は中を見ないで同じものを探すことがポイントです。視覚を遮ることで、触覚に集中させるためです。

モンテッソーリ園では、こうした感覚のお仕事をする時に「目隠し」を使います。目隠しをすることで、情報量が一番多い「視覚」をさえぎります。そうすることで、視覚以外の感覚を際立たせることが目的です。これを、モンテッソーリ教育では**「感覚の孤立化」**と言います。

聴覚

子どもの聴覚は大人の数倍敏感です。ヘリコプターの飛ぶ音に、大人よりもはるか前から気がついたり、掃除機の大きな音に耳をふさぐなどはその一例です。
一生に一度しかこない「聴覚の敏感期」を大切にしてあげましょう。

●絶対音感ゲーム（3歳から）

「絶対音感」は2～6歳に適切なレッスンを受けないと身につかないと言われます。この期間に人間の聴力が急激に発達するためで、まさしく「敏感期」と一致しています。専門のレッスンを受けなくても、ピアノなど、音程が示せる楽器があれば、単音を聴かせて「高い音・低い音」の比較ができます。

発展形として「ド・レ・ミ・ファ・ソ・ラ・シ・ド」のカードを用意し、ピアノの音を聞かせてカードで当てるゲームはご家庭でも簡単にできます。

カラオケの普及により、誰でも1曲くらいおつき合いで歌わなくてはいけない時代になってしまいました。**幼少期に身についた「音程」は一生もの**ですので、この時期にゲーム感覚で楽しく身につけておきたいものです。

●静粛のレッスン（4歳から）

モンテッソーリ園での重要な活動に「静粛のレッスン」があります。走り回ったり、大きな声を出すことは、子どもは得意です。

しかし、一定時間、静かに座ったり、声を出さなかったりするのには「自分を律する」エネルギーが必要なのです。

このレッスンの間は静かに席に座り、声を出さない、もしくは小さな声で話します。

1分間、目をつむり視覚をさえぎり（感覚の孤立化）、声を出さないと、今まで聞こえなかった様々な音が聞こえてきます。「鳥のさえずり・風の音・遠くの車の音」など。

1分間経ったら、静かに目を開けて、「どんな音が聞こえましたか？」と静かに話し合います。

こうして生まれた静けさは、**教師や親に言われて静かにさせられたのではなく、子どもが自らの意志によって獲得された「静けさ」なのです。**

「真の自由を手に入れるためには、まず自分自身を征服する者にならなければならない」と、モンテッソーリは考えました。

是非、ご家庭でもテレビを消してやってみましょう。注意点は「まじめにやる」ことです。大人がいつもと違う静粛な態度で臨むことが一番のポイントです。

味覚

新生児は高齢者の2～3倍の味蕾《みらい》を持っているといわれます。この豊かな味蕾を発達させ、5つの味覚（甘み、酸味、塩味、苦み、うま味）を育てるのがこの時期です。

食育は子どもの栄養をはかり、食べることの幸福感をもたらすだけではありません。食するものの**危険を察知する**ためでもあります。すっぱいものは腐っている可能性があり、苦いものは有害な物質である可能性があるからです。

味覚は園での生活よりも、ご家庭での食育のほうが大切です。毎日の食事の中で

「このミカンはすっぱいね〜」「このクッキーは甘いね〜」というような楽しい会話が豊かな味覚を育てます。

様々な食べ物を通して、異なる味覚を体験させてあげましょう。

好き嫌いが激しかったり、同じものしか口にしない子どももいます。親からすれば心配かもしれませんが、栄養バランスが極端に崩れなければ、無理に食べさせる必要はありません。食べることの楽しさを優先すべきです。

人生は始まったばかりです。この先、口にする機会はいくらでもありますので。

嗅覚

嗅覚も味覚同様、身の危険を察知するためにも大切な感覚です。

大人が様々な実物を手に取り、香りを楽しむ姿を見せてあげましょう。自分で鼻の前に持って行き、匂いを確認する習慣はとても大切です。庭にある花や、ハーブなどの香りを楽しみましょう。

最近は洗たく時に柔軟剤を使うご家庭が多くなりました。素敵な香りは、大人には心地良いかもしれませんが、子どもの嗅覚には刺激が強すぎます。無香料か、使う場合は量に注意しましょう。

いずれの感覚の活動も、ご両親が楽しそうに、お手本を見せることが大切です。感覚がそれぞれ発達することで、子どもの将来はより豊かなものへと変わっていきます。

親が「わが子は感覚の敏感期にあって、今は、嗅覚を使っているのだな」と、意識できることが大切です。そして、**その感覚を適切な言葉で表現し、定着させていくこと**がホームメイド・モンテッソーリにつながります。

Point
ホームメイド・モンテッソーリ教育

- □ 感覚は三段階で身につける
- □ わが子が今、どの感覚を使っているのか、親が気づいていることが大切
- □ 嗅覚・味覚はご家庭の働きかけが一番大切

keyword 9

3歳からやってくる言語の爆発期

「言語の敏感期」

「言語の敏感期」はお腹の中で、ママの声を聞いている時から始まっています。

0〜3歳までの乳幼児期**前期**には「無意識的な記憶」という力で、耳にした言葉をどんどん吸収してきました。そして、3歳が近づくとバケツにいっぱいになった言葉が、ドッとあふれ出てきます。それが**「言語の爆発期」**なのです。

これまで見てきた「もの」には、「すべて名前がある」ということに、驚きを覚えます。ここに「感覚の敏感期」が重なってきます。3歳からは吸収し、蓄積した情報を**「はっきり、くっきり、すっきり名前をつけて理解したい」**という強い衝動に移行していきます。

だから、言語の爆発期になると、**「これなぁに?」**を連発するようになるのです。

うるさいくらいに「これなぁに？」と聞いてくるのにはこうした背景があったのです。

日々の家事におわれて忙しいと、「うるさいなぁ～」と、思ってしまうこともあるかもしれませんが、この興味を持った〝瞬間〟が大切なのです。この瞬間に定着した言葉は、一生涯、死ぬまで消えないのです。

このようなチャンスは二度と来ません。わが子の語彙を爆発的に増やすお手伝いをしてあげましょう。


将来、受験勉強で詰め込み勉強で得る記憶か？　楽しく、興味を持ちながら吸収して一生忘れない記憶か？　どちらが素敵でしょう？


「ものの名前」が定着してきたら、さらに発展して形容詞や、文法を身につけていきます。五感で感じた「大きい・小さい」「長い・短い」「重い・軽い」などを、形容詞で表現できるようになります。

「大きくて、重くて、黒い粘土」のように、自分で見たもの、感じたことを言葉で、思い通りに表現できるようになるのです。まさに「自分の人生の主人公になる」の土台ができ上がってきます。

●「読む」より「書く」が早くやってくる

「話す」が活発になるのと併行して、「文字を書く」という行動に強い衝動が現れるようになります。

あれ？　「書く」より「読む」のほうが先なのではないですか？　と思われるかもしれません。この時期は「運動の敏感期」が重なってきているので、手を自由に動かしてみたいという「書く」という動きに強く魅せられます。ですので「書く敏感期」のほうが、「読む敏感期」よりも先にやってくるのです。

●「お手紙ごっこ」に見られる」は書く敏感期

3歳ごろに幼稚園や保育園で流行るのが「お手紙ごっこ」です。「○○ちゃんからお手紙もらっちゃった」と嬉しそうにしています。こっそり中身を見てみると、グ

言語の敏感期の目安

0〜3歳

見たもの聞いたものを
無意識のうちにどんどん吸収する

約3歳

言語の爆発期① ➡「これなぁに」

感覚の敏感期と重なり、整理して言葉であらわしたい
言葉で表現したい＝言語の爆発期「これなぁに？」

「書く敏感期」

運動の敏感期と重なり
手を動かして書いてみたい

「読む敏感期」

文字に興味・なんでも読んでみたい

言語の爆発期② ➡「なんで？」

世の中がどうなっているのか知りたい

約6歳

チャグチャの暗号です。「お返事書かなくっちゃ」と、またグチャグチャの暗号を返す。これは手を動かして何かを書いてみたいという「書く敏感期」の現れなのです。

●鉛筆で字を書けるようになるには段階がある

「わが子には、早く鉛筆を使ってお勉強に向かってほしい」と願う親が多いのですが、鉛筆で字を書けるようになるには、手指が育つ段階を踏む必要があります。いきなり、鉛筆を持たせてもうまく書くことはできません。運動の敏感期を通して様々な手指の活動をさせてあげましょう。

運動の敏感期の活動である、楊枝を穴に入れる、針で縫う、洗たくバサミをつまむ、ピンセットでつまむなど、特に親指、人差し指、中指の3本指を自由に動かせるようになることが必要なのです。

ちなみに、この3本指が自由に動くと、「おはし」

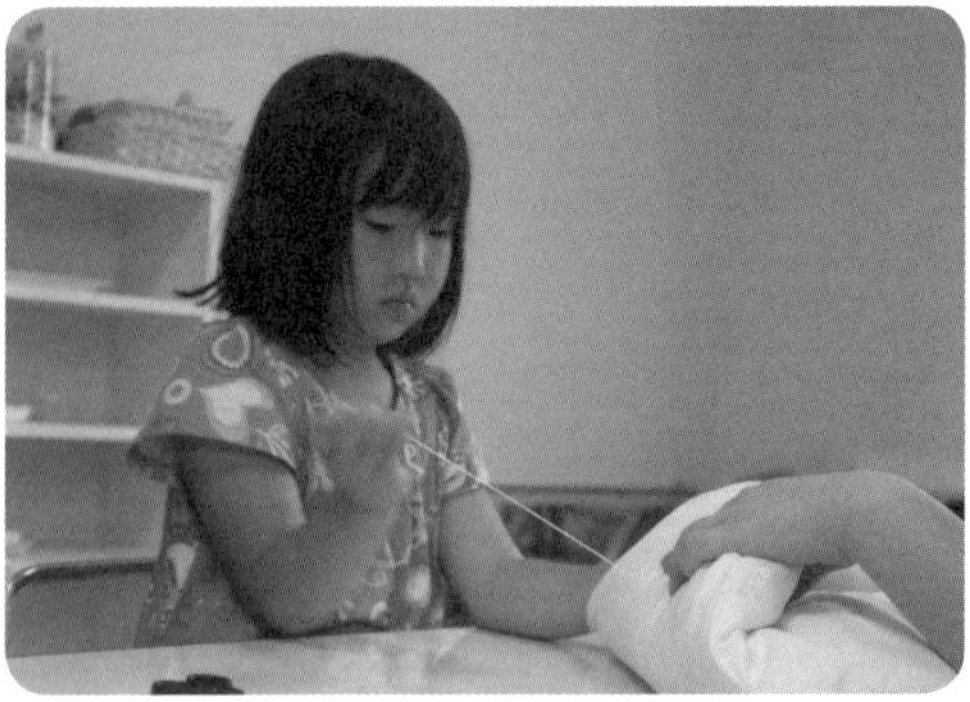

も自由に使えるようになります。

まさに巻頭1ページの「スモールステップス」ですね。

●文字を読む敏感期

4歳を過ぎるころから「文字を読む」という強い衝動が現れるようになります。こうした敏感期の訪れを親が見逃さないことが大切なのですが、そのために少し先回りして環境を整えておくことがおすすめです。

簡単にできることは、部屋のいたるところに、いろいろなものを「貼っておく」こと。これおすすめです!

「五十音表」「アルファベット表」「世界地図・日本地図」「魚の分類表」などなんでも貼っておきます。

敏感期がまだ訪れていない子どもは、その紙の前を素通りしていきます。

しかし、敏感期が訪れると、ジッと見入ったり、指をさして、いろいろなことを言い出します。

「これは、あつし君の〝あ〟だね」といった感じです。こうした行動が見られたら、読むための働きかけの絶好のチャンスがきたと思ってください。逆に、「読む敏感期」がまだ到来していないのに、親がドリルを引っ張り出してきて、教え込もうとすると、字が嫌いな子どもに育ってしまうのです。

「早期教育」と「適時教育」の差はここにあるのです。

Point

ホームメイド・モンテッソーリ教育

- □ 言語の敏感期と、感覚の敏感期が重なってやってくる
- □ 言語の敏感期は 聞く↓話す↓書く↓読む の順番で進む
- □ 何でも「貼っておく」だけで、読む敏感期の到来がわかる

keyword 10

文字が書けるには2つの準備が必要です「書く敏感期」

文字はいきなり書けるものではありません。書くためには、大きく分けて2つの準備が必要です。それは「文字を知る」ことと「手を作る」ことです。

その1 「文字を知る」

文字を書くには、まず文字の存在を知る必要があります。これは「読む」とも直結するものですが、文字にはそれぞれ「形があって、音がある」ということを一致させるのが第一歩です。

●「五十音ならべ」(3歳から)

五十音のひらがなが、一字ずつ並べられる教具を準備します。最初は「あいうえお」の5枚だけバラバラに置き、子どもが順番にならべます。並べられたら一文字ずつ指差し、「あいうえお」と声に出します。

次は「かきくけこ」に移行し、五十音すべてをできるようになるまで行います。全部読めるようになったら、横に「あかさたな……」でも読めるようにする。

このプロセスによって、お経のように流れで声に出しているのではなく、一文字ずつが独立して読めている段階になります。

五十音表のどのあたりに、どの文字があるのかをこの時期に体感できていることが、今後、言葉を書く時の、「文字を選ぶ」早さに大きく関係してくるので、この活動は、毎日、繰り返し、根気良く行います。

その2「手を作る」

文字を書くには、自由に動く手指が必要になります。特に親指、人差し指、中指の3本指が自由に動くように、手を作る必要があります。

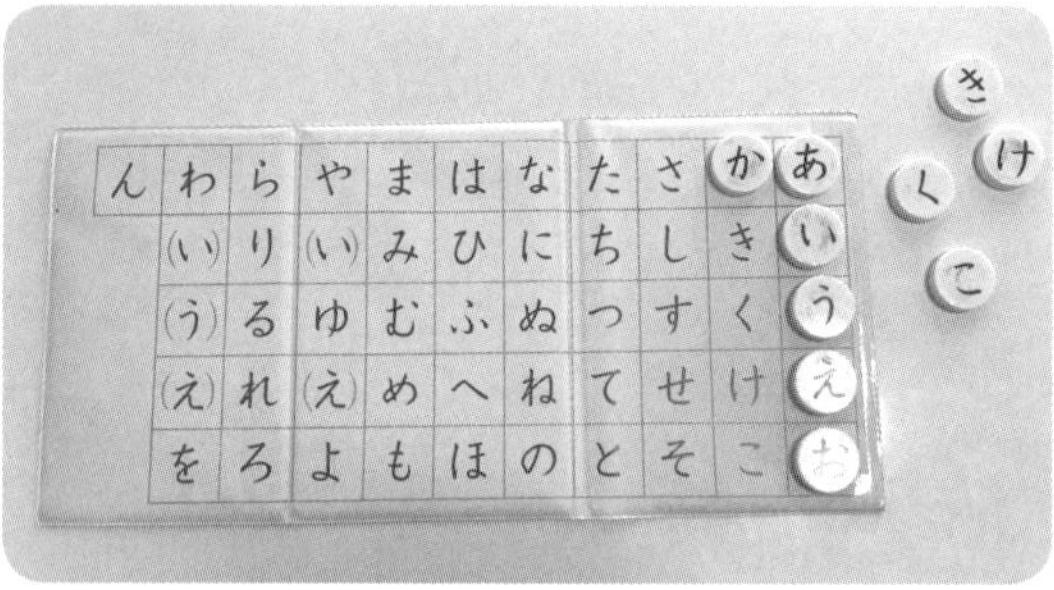

▲縦、横ともに読めるように毎日行う

●日常生活の中で3本指を意識的に使う（2歳から）

洗たくバサミをつまむ、小さな豆を指でつまむ、ピンセットでつまむ、コマを回す、針で縫うなどの活動などは、日常生活の練習です。これらが、様々な指の動きの習得につながり、最終的に鉛筆で文字を書くための手指の土台となります。

手指を動かしてみたいという「運動の敏感期」と、何でも触ってみたいという「感覚の敏感期」が大きく後押しをしています。

モンテッソーリは**「親指、人差し指、中指は3つの突出した脳である」**と称しました。

3本の指で物を操作することで、人間は思考するということです。

手指を動かしている時に、人間の脳が活性化していることは、脳科学的に立証されています。様々な敏感期が到来しているこの時期に、たくさん手指を動かすことで、「良い頭」ができ上がるのです。

文字を書く実践

2つの準備が進みましたら、いよいよ文字を書く実践に入りましょう。

●砂文字・なぞり文字（4歳から）

いきなり筆記用具を持たせるのではなく、自分の指で書くことから始めます。

モンテッソーリ教具の文字の代表教具に「砂文字」というものがあります。

ひらがなの部分がサンドペーパーでできているので、子どもは指でザラザラの部分をなぞるだけで、文字を書くことができます。「ザラザラ」を指で感じたいという「感覚の敏感期」を活かした、秀逸な教具と言えます。「砂文字」を家庭で準備することは難しいですが、この原理はホームメイドでも応用ができます。

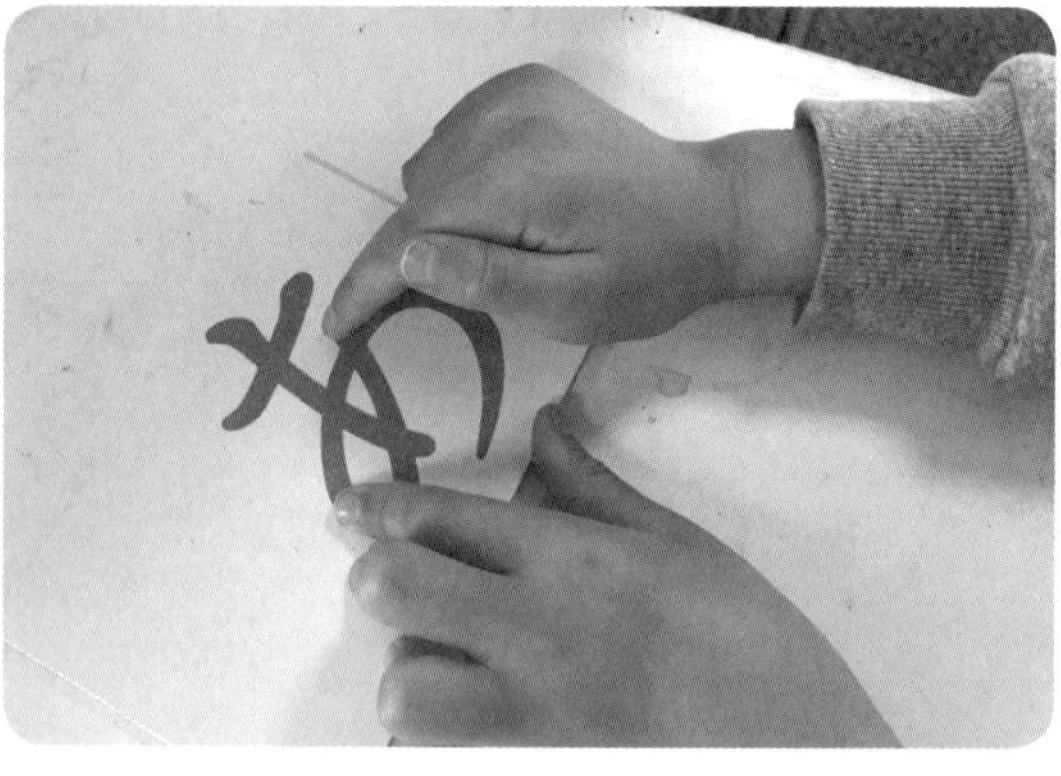

大きなひらがな表を、親が指で丁寧になぞって見せてあげましょう。その後、ゆっくり、子どもがなぞることで、正しい書き順も身につきます。

●筆記用具の準備

鉛筆は筆圧が強くならないとうまく使えません。最初は**水性のフェルトペン**（黒一色）が使いやすく、筆圧の弱い幼児でも、文字を書くことができます。筆圧がついてきたら、握る部分が太い、三角鉛筆を準備しましょう。

●なぞり文字（4歳から）

お手本の上にトレーシングペーパーを置いて、フェルトペンでなぞれば、「うまく書けた」という成功体験を与えることができます。

写真のようなバインダーに、自分の

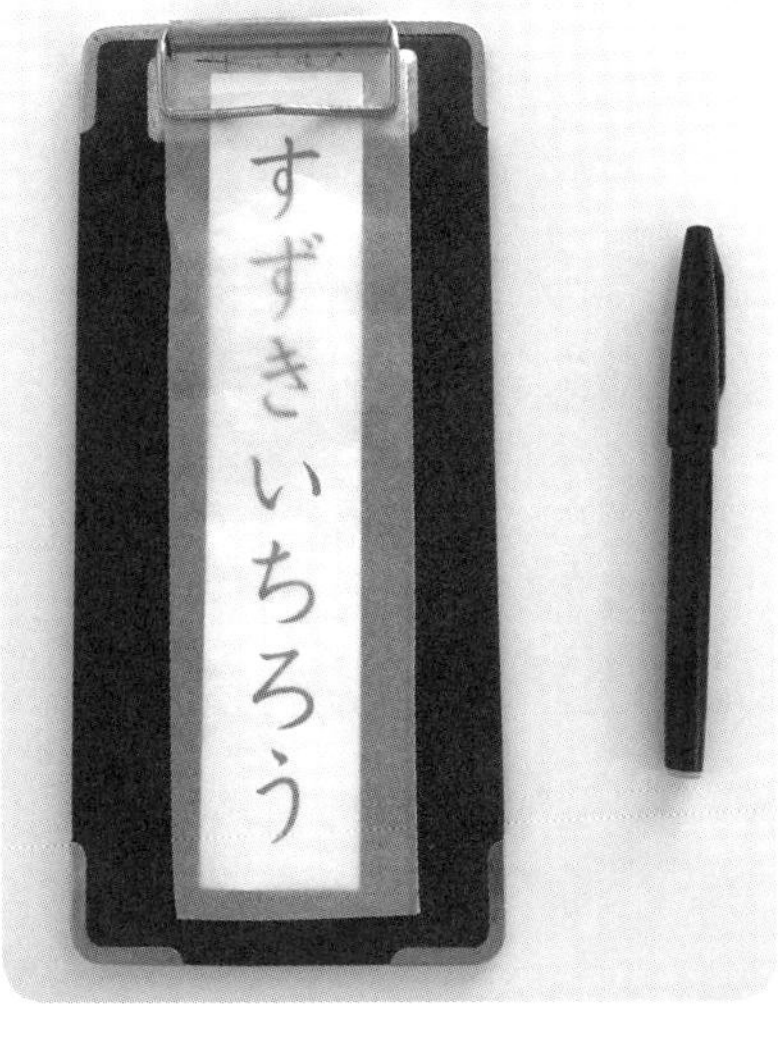

名前をセットして、上からトレーシングペーパーをかぶせてなぞります。慣れてくると、パパ、ママ、お友達の名前を書いてプレゼントできるようになります。

※パソコンで台紙を打つ時には、「明朝体」などの基本的な字体を選択しましょう。

Point

ホームメイド・モンテッソーリ教育

- □「文字を知ること」と「手指を作ること」の2つの準備が必要
- □3本の指は突出した脳である
- □最初はフェルトペンなどでなぞるとうまくいく

keyword 11

動きながら「文法」まで身につける
「読む敏感期」

文字を読めるようになると、親は「お勉強モード」に入ってしまいがちです。しかし、0~6歳の子どもは「動きながら学ぶ」ことが基本です。手指を使いながら「読む」ことも習得していきます。

●ものと名前（105ページ五十音ならべができてから）

用意するもの

・白い短冊（幅3㎝）たくさん作っておく
・鉛筆、フェルトペン
・ハサミ
・セロハンテープ

実践！

３㎝程度の白紙の短冊を適切な長さに切り、部屋の中にあるものの名前をゆっくりと、一文字ずつ、声を出さずに（親は読まない）書いて見せます。先端にセロハンテープをつけて、「これ、どこにあるかなぁ？　お名前貼ってきてくれる？」と訊ねます。

子どもは喜んで名前を貼りに行きます。この段階ではカタカナを使わずに、ひらがなに限定します。

この時期の子どもは、文字を書いている動きを見ることも大好きです。ママが書いている姿を、うっとりと見ていることでしょう。

家じゅうのものが、短冊でいっぱいになるころには、すべてのものの名前をマスターしてしまうわけですから、子どもの敏感期の力は素晴らしいですね。

●文法（5歳から）

小さい子どもに「文法」なんて！　と思うかもしれませんが、0～6歳までに、世界で一番難しいとも言われている日本語をマスターしてしまいます。これこそ「言語の敏感期」がなせる業といえるでしょう。

「ものと名前」の活動と同じように、短冊を用意します。今度は形容詞を加えていきます。

たとえば「しろいかみ」と形容詞を加えます。読ませてみます。

読めたら、「しろい」と「かみ」の間をハサミで切ります。子どもはビックリして見ているはずです。切れた短冊を、わざと順番を入れ替えて読ませます、「かみしろい」。

一瞬間が開いて「おかしいよね～」と大笑い。元に戻し、セロハンテープでつなげて、「やっぱり、しろいかみだよね～」ともうひと笑い。

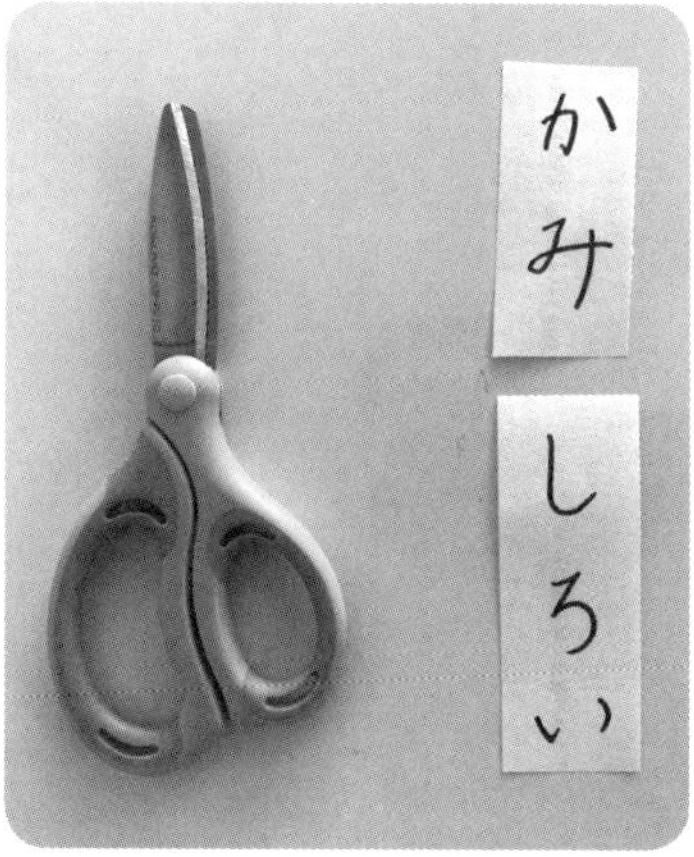

何種類かこれを繰り返すと、「形容詞は名詞の前につく」ということを体感するようになります。文法などが勉強になる前に、このように手を動かしながら、楽しくマスターできる素敵な活動です。

形容詞が体感できたら、動詞を加えます。

「しろいかみにえんぴつでかく」と書き、「しろい・かみ・に・えんぴつ・で・かく」でバラバラに切ります。子どもが自分で考えながら、元通りに並べます。

頭で覚えるのではなく、**順番が違うと「何か変だな？」と感じることから、活きた文法は身についていきます。**

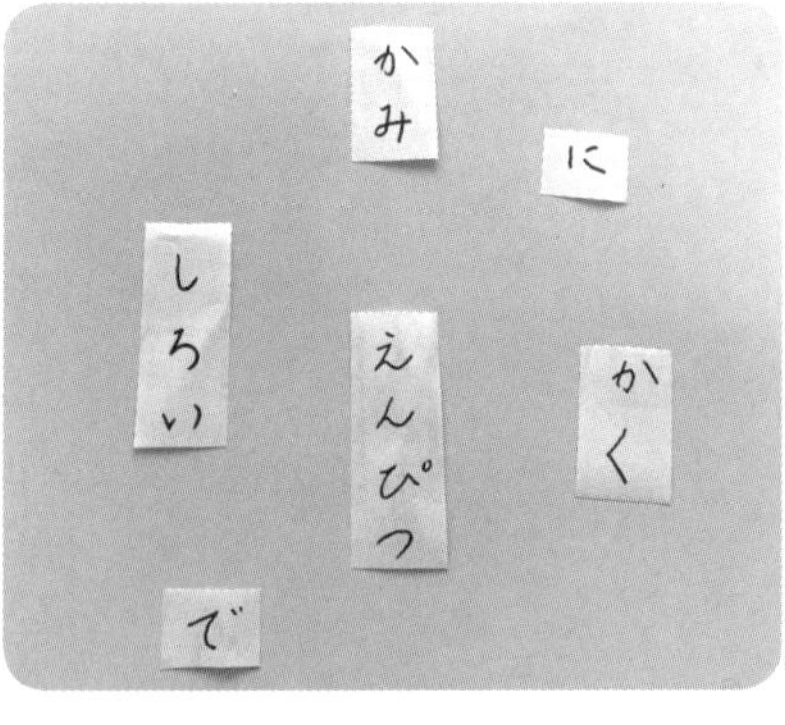

●早口言葉（5歳から）

読むのと併行して、発語する能力も高まってきます。口のまわりの筋肉を盛んに動かすようになります。このような時期に有効なのは「早口言葉」です。

早口言葉を短冊に書き、玄関などに貼っておくと面白いですよ！

「にわには、にわ、にわとりがいた」

「すもも、もsome、もものうち」

など、「今週の早口言葉」などとして貼っておけば、家族全員で楽しむことができます。

この時期に楽しく口の筋肉を動かすことで「滑舌《かつぜつ》」の良い人生を歩んでいくことができます。

●親の語りかけをバージョンアップ

言語の環境で一番重要なのは、「両親の語りかけ」です。いつまでも「赤ちゃん言葉」ではわが子の語彙は増えていきません。

3歳を過ぎたら、語りかけは大人同士の会話と同じと考えましょう。「どうせ子どもだから」という考えは捨てましょう。

しかし、言っていることをすべて理解していると捉えることも間違いです。ですので、語りかける時は、子どもの目を見ながら、理解していない場合は、違う言葉や、ジェスチャーを交えて伝えることも大切です。

●助詞を省かない

これは私たち大人が注意しなくてはいけない習慣ですが、「お茶ちょうだい」「カラスいた」と、助詞を省く会話が多くなっています。子どもたちはそのまま吸収してしまいます。「お茶**を**ください」「カラス**が**いた」と助詞を入れて話すようにしましょう。

Point

ホームメイド・モンテッソーリ教育

- □「読む」も動きながら、楽しく習得する
- □文法は短冊をバラバラにして習得する
- □早口言葉は家族で楽しく
- □親の言葉がけもバージョンアップする

keyword 12

2つの重要性と、3つのデメリット「英語教育は最優先課題⁉」

最近の講演会で一番多いのが「幼少期からの英語教育はどうすればいいですか？」という質問です。

私は「英語教育は、ご家庭での重要検討課題です」とお答えしています。なぜならば、幼少期からの英語教育には、**メリットとデメリットがある**からです。

なぜ、英語教育が重要なのか？　社会的背景からお話ししましょう。

英語教育が重要な2つの理由

背景1「試験制度が変わる」

日本の大学受験制度が大きく変わることは、既にご存じのことと思います。特に従来までの英語の受験が、「読む・書く」が主体だったのに対して、「読む・書く・聞く・話す」の4つの技能をバランス良く身につけることが必要になります。「使える英語の習得」という意味では、正しい方向転換です。

しかしその4技能をどう評価するかが問題になっているのです。国の方針は、英検やGTEC、TEAPなどの既存の民間試験を流用するというのが基本方針です。

問題は、この制度により、「大きな教育格差」が生じてしまうのです。一昔前の英語の勉強は、中1で全員がThis is a pen. からスタートして、大学受験までにどれだけまじめに勉強したかで合否が決まりました。ある意味では、とても平等であったといえます。

しかし、これからは、家庭の方針、教育資金のかけ方によってスタートのタイミングと仕上がり時期がまったく違ってしまうのです。

中1で「ヨーイドン」と思ったら、既に英検2級が仕上がっている子どもや、高1までに英検準1を級を取得し、大学受験の英語については免除が確定している子どもがゴロゴロ出てくることになるのです。

民間の英語の試験を受けるには費用がかかりますし、試験会場がない地域もたくさんあります。使いたくない言葉ですが、英語教育は「教育格差」が拡大する大きな要因になるのです。

高校の時点で、英語が早くに仕上がっていれば、大学受験では文系だろうと理系だろうと、自由に選択できる可能性が高まります。それは、わが子の職業選択の幅をも、大きく左右することになるのです。

背景2「日本が変わる」

これからの超少子高齢化は、日本におけるビジネスのチャンスを劇的に縮小させます。

子どもたちの将来のための書籍の中で悲観的なことは語りたくありませんが、このことは絶対的事実として受け入れなくてはいけません。

高度成長時代には人口が右肩上がりで増えていたので、日本国内でビジネスを展開しているだけで、企業は成長でき、国内だけで皆が豊かな暮らしをすることが可能でした。

しかし、わが子が生きていくこれからの日本は、マーケットが縮小して、国内のみではビジネスが成り立たなくなることが明白です。

企業は海外に進出するか、インバウンドで海外からの流入者を相手にビジネスを展開するしか生き残る道はなくなります。

昔は「英語ができたら、よりいいね！」でしたが、「英語ができないと始まらない！」という時代に突入しているのです。

幼少期からの英語教育のデメリット

このように書いてしまうと、早期の英語教育を全面的に煽《あお》るような言い方になってしまいますが、デメリットも存在します。次の3点を注意しながら、ご家庭での方針を決めていただきたいと思います。

注意1　母国語の習得が遅くなる

人間は誰でも、生まれ落ちた国の言語を0～6歳までにほぼ完璧にマスターすることができます。それを可能にするのが、「言語の敏感期」と「聴覚の敏感期」なのです。母国語をシャワーのように浴びているだけで、世界で一番難しいとも言われる日本語すら習得してしまうわけですからすごい力ですよね！　だからこそ、この期間にネイティブの多国語にも同時に触れさせることで、バイリンガルに育てることが可能になるのです。

逆にこの時期を過ぎると、母国語以外をノイズとして排除する機能が耳に備わってしまうので、２カ国語を併行してマスターすることが難しくなってしまうのです。

ただし、注意すべき点は、母国語である日本語を疎かにしないということです。２カ国語を併行して頭に入れていくということは、「えんぴつ」と「pencil」が一緒に入ってきて頭の中がチャンポン状態になります。その結果、**母国語の習得が30％程度遅くなる危険性がある**ということです。

注意２　コミュニケーションに弊害が出る

３歳から６歳は母国語を話したくてたまらない「言語の敏感期」です。日本語で話すことが楽しくてしょうがない時期なのです。そのため、英語しか話せない環境に拘束すると、強く反発したり、話すこと自体が面倒になり、英語だけでなく、日本語もしゃべらなくなる可能性もあるのです。

ある自由保育園の園長先生に**「この時期の子どもにとって、口げんかはとても大切なのですよ」**と言われて、なるほどと思いました。「自分の主張を言葉で伝えることを学ぶためのとても大切な時期ですので、手が出ない限りはしばらく見守っています」ということでした。

「早くから英語を始めたほうが将来受験に有利だ！」という、親の短絡的な考えではなく、この時期には、**「自分の意見を、自分の言葉で伝えられるようになる」こと**が一番大切だということを忘れてはいけないのです。

注意3　お金がかかる

子育てに重要な要素に教育費があります。いくら英語が将来の受験に有利だからといって、幼少期に教育費をつぎ込み過ぎて、子どもの進路や、自分たちの老後が行き詰まってしまうようでは本末転倒です。子育てにはこれから先もお金がかかります。ぜひ、バランスを考えて進めていただきたいものです。

じゃあどうすれば良いのか?

ホームメイドで、お金をかけずにできる方法は、「敏感期」の力を信じ、ネイティブの英語を**聞かせることに徹底**することです。

1日15分でも良いので、ネイティブの発音に触れていれば、子どもの耳は必ず育っています。英語の歌のCDでも、マンガのキャラクターのDVDでも、毎日寝る前でも、車の中でも、ただ耳が育つことだけを信じて、アウトプットを求めないで聞かせることです。義務と考えずに、楽しく言葉のシャワーを浴びせてあげましょう。

そして、4歳以降に、わが子の日本語がしっかりとしてきたなと確信が持ててから、英語教育を本格的にスタートすることが安全策と言えます。

もし、英語だけの幼稚園や保育園に通わせる決断をするのであれば、英語は園生活に任せ、家では日本語を読み聞かせ、語りかける努力を意識的にしましょう。

英語の1・5倍の情熱で日本語を語りかければ、2カ国語を同時獲得できる素晴らしい力を、この時期の子どもは持ち合わせているのです。

繰り返しになりますが、**「自分の意見を母国語で伝えること」**こそが、この時期の子どもにとって一番大切な要素であることを忘れないでください。

Point

ホームメイド・モンテッソーリ教育

- □日本の受験制度や経済状況が大きく変わる
- □早期の英語教育にはデメリットもある
- □聞かせることに徹底してまず耳を育てる
- □「自分の意見を母国語で伝えることが一番大切」であることを忘れない

keyword 13

意外と遅くにやってくる「数の敏感期」

モンテッソーリ園で、年長さんがビーズを使いながら「4桁の加減乗除」をしている姿を見て、「幼稚園生に算数だなんて、早期教育はけしからん！」などという意見を聞くことがあります。

しかし、子どもたち自らが「数を数えてみたい、計算してみたい」と渇望しているとしたらどうでしょうか？　そうしたチャンスを与えないことのほうが、逆に罪なのではないでしょうか？　モンテッソーリ教育を「早期教育」ではなく、「適時教育」というのはこの点にあるのです。

子どもはある時期になると、数というものにとても敏感になり、数を数えたくてしょうがない、数字を読みたくてしょうがない、という強い衝動に駆られる時期がやってきます。これが**「数の敏感期」**なのです。

数の敏感期の注意すべき点は**「意外と遅くにやってくる」**ということです。4歳後半から6歳くらい、月齢にもよりますが年中さんの後半くらいからと考えておいてください。

ですから、タイミングが大切なのです。このチャンスを親が見逃して小学校に入ってからでは遅すぎますし、まだ敏感期が到来していない早い時期に、無理やり数を教え込むと、それこそ早期教育の弊害で「数ぎらい」が生まれてしまうからです。

「現物・数詞・数字」の3つの関係が一致することが大切

1から10まで連続して言えるからといって、その子が1から10までの数という概念を正しく理解しているとは限りません。

試しに「10の前の数はなぁに?」「9の後の数はなぁに?」と訊ねてみると答えられないことが多くあります。

これはお経のように数詞を言っているだけで、現物の量や数字と合致していない状態だからなのです。

こうした状態は、私たち大人が想像するよりはるかに多く存在します。うちの子は数がわかっていると思っていたのに、小学生になってみたら、まったくわかっていなかったというケースが発生してしまうのです。

モンテッソーリ教育の数教育で、この「現物・数詞・数字」の三者の一致を、とても慎重に、丁寧に進めるのはこうした理由があるからなのです。

親の「早いところ計算問題を解かせたい」という焦りから、このプロセスを決して飛ばしてはいけないのです。

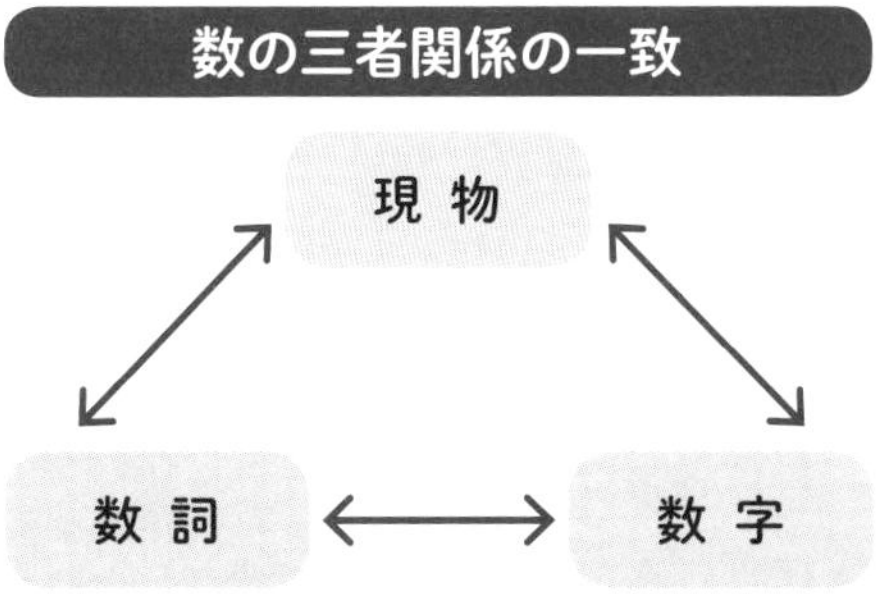

「数の敏感期」が近づくと、子どもは様々な種類の現物を見て、実際に触り、確かめ、他のものと分けたり、同じものを集めたりすることから始めます。手指を使いたい「運動の敏感期」と、ものを視覚で区別する「感覚の敏感期」が合わさって、こうした活動を後押しするのです。

ホームメイドでの数教育

●数の数え方を家庭内で統一する

子どもが嬉しそうに数を口に出す前に、私ども大人は数え方を統一しなくてはいけません。

「いち、にぃ、さん」と数えていく時に、お父さんは4を「しぃ」と言い、お母さんは「よん」と言ってしまうと、この時期の子どもは混乱してしまうからです。

4は「よん」7は「なな」で統一します。

なぜならば、10から逆に数える時は「なな・よん」だからです。

年齢を言う時にも、「よん歳」「なな歳」だからです。

いったん定着さえしてしまえば、その後は「し・しち」も自然と併行して理解していくことができます。

「ひとつ、ふたつ、みっつ」も、数の理解が進んでから導入しましょう。

●数助詞は次の段階

1本、2匹、3枚などの数の後ろにつける数助詞は、数の概念が完全に一致してからつけるようにしましょう。最初は「お母さんに鉛筆を3ください」、このように訊ねるように心がけましょう。

●数字のカード（4歳半から）

いろいろなものを数えて、1～10までの数詞が一致したら、数字の登場です。写真のような1～10までの数字のカードと、赤いドッツのシールを張ったカードを作ります。

〈注意：0はまだ使いません〉

数字のカードの読み方を確認します。

・1から10まで順番に読む練習
・1から10まで順番に並べる

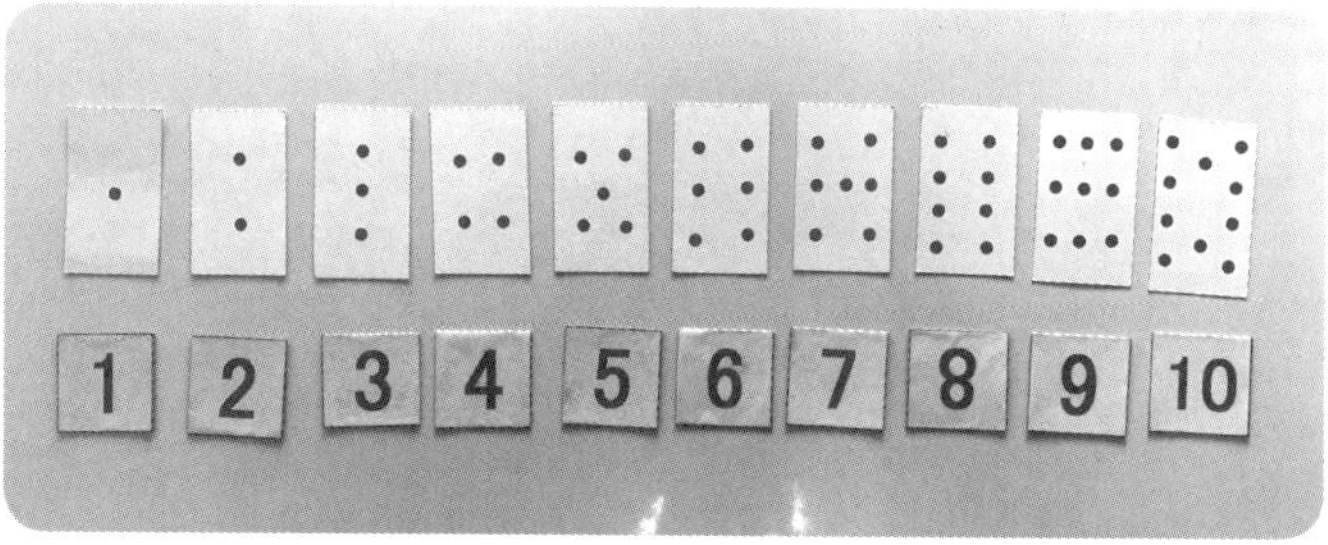

裏返してめくり、アトランダムに読めるか確認をする。

・10から1まで逆に読む練習

・10から1まで逆に並べる

ドッツのカードを声を出して数え、数字のカードと合わせます。

このプロセスを経て「現物・数詞・数字」の三要素が完全に一致したことになります。

発展形ゲーム

部屋の中の遠くにおはじきをたくさん置き、数字を見せ、「この数だけおはじきを取ってきてください」と言って取りに行かせます。

ワーキングメモリーとは、一時的に情報を脳に保持、処理する能力ですが、数を記憶し、取ってくるというこの作業はワーキングメモリーを発達させることにつながります。

「ゼロ」の概念を入れる（5歳から）

「ゼロ」の存在や、意味がわかるようになるのは、5歳以降と考えましょう。次のようなゲームをして定着させます。

「おはじきを『ゼロ』ください」と言うと、子どもはちょっと困った顔をします。タイミング良く、「そ～だよね～！　ゼロは何にもないってことだよね～」と言ってゼロの概念を入れていきます。

●数教育の3つの注意点

1 現物を使い、動きながら学ぶ
2 楽しく、ゲーム感覚で活動する
3 子どもを試さない

●紙のドリルに移行するのは、できる限り遅くから

子どもにとって、現実に起きていることと、紙の上で起きていることは、大人が考

えている数倍一致しないものです。

このことを知らずに、早くお勉強に移行したい親の焦りで、紙への移行をしてしまうと「紙きらい」「数きらい」の子どもに育ってしまいます。ドリルなどへは極めて慎重に移行しましょう。

Point

ホームメイド・モンテッソーリ教育

- □家庭内での数字の読み方を統一する
- □数助詞は使わない
- □「現物・数詞・数字」の三要素の一致を慎重に進める
- □紙のドリルへの移行は、できる限り遅くする

keyword 14

第二のGAFAを生み出すためには？「数の敏感期」に行う実践法

子どもたちは大きな数が大好きです。

幼稚園で子どもたちが次のように言い合う姿をよく見かけます。

「俺なんか1万個持っているもんね～」「俺なんか100万個だね～」今も昔も変わらない光景です。

数の敏感期に突入した子どもたちは、数の正確さに心惹かれ、大きな数にあこがれるのです。

しかし、**日本の教育は小さなところから始め、大きなところに段々と広げていく方法**をとります。これは丁寧な教え方であり、否定はしません。

しかし、おもしろいか、おもしろくないか？　といったら、ダイナミックさに欠けるような気がします。

モンテッソーリ教育では最初は大きな視点から入り、大きな概念をつかむことから始まることが特徴です。マクロからミクロへと視点を進めるのです。

たとえば、地理を学ぶのに日本の教育では、住んでいる近所のことから知り、学年が上がるごとに、区、市、県を学び、日本全体がわかってから、世界地図を広げるというステップを踏みます。

しかし、モンテッソーリ教育では、ビッグバンで宇宙の誕生から学び、銀河系、太陽系を経て、地球の存在を学びます。巻頭6ページにありますが、

モンテッソーリの地球儀には、国境が描かれていません。**国境は人間が勝手につけた目印にすぎず、自然は今でもこのままで、国境なんてない**ということを伝えていきます。本来は皆、同じ**「地球人」**であることを、まず初めに学ぶのです。

どうでしょう？　スケールが違いますよね！

数の教育でも同じことが起きています。

日本では、足し算を教える時は1＋1＝2から始まります。確かにわかりやすいですが、1が合わさって2になることは、頭では理解できますが、「大きな変化」は感じられないのです。

モンテッソーリ教育では、数の概念ができ上がってきた子どもたちに、足し算を教える時には、3256＋2436など、とても大きな数で教えさせます。それぞれの数をビーズでそろえ、それを風呂敷の中に入れて、ガシャポンと合わせます。

この実際の行動を通して、**足し算というものは「違う数を合わせて、大きな数にす**

ること」なのだと体で感じることから入るのです。

子どもたちはガシャポンと合わせる瞬間は「狂喜乱舞」です。楽しい活動を通して、「数ってすごい」というリスペクトする思いが育っていくのです。

これからの時代は、1＋1＝2の単純計算の繰り返しは、AIが人間よりもはるかに早く、正確にしてくれます。人間に必要な能力は、次元を超えた、本質的な概念をつかんだうえでの飛躍、展開なのです。

GAFA（Google、Amazon、Facebook、Apple）に代表されるような、次元を超えた発想を生み出すには、実は幼少時代にこうした実体験をたくさん積む必要があるのではないか？　そう、世界が気づき始めたのです。

100年以上前の幼児教育が今また注目を浴びているのには、こうした背景があるのです。

モンテッソーリ園のようにおうちで大量のビーズをそろえることは難しいかもしれませんし、その必要はありません。ご自宅で楽しくできる活動をいくつか紹介いたします。

●１００のくさり　十進法を体に宿す（５歳から）

写真のような手芸道具で、10のビーズを通してひとまとまりにします。

これを10本作り、くさりでつなぎます。「１００のくさり」のお仕事の完成です。

１から数え始めて10、20、30………と札をつけていきます。

最後の１００の札は大きめに作っておきましょう。数の連続性が身につく、とても大切で有効な活動です（巻頭５ページ）。

発展として「55」の札を作り、「55」はどこかな？　などと楽しく数の概念を定着させていきます。

この活動を通して、「数の連続性」と「十進法」が身につくことになります。

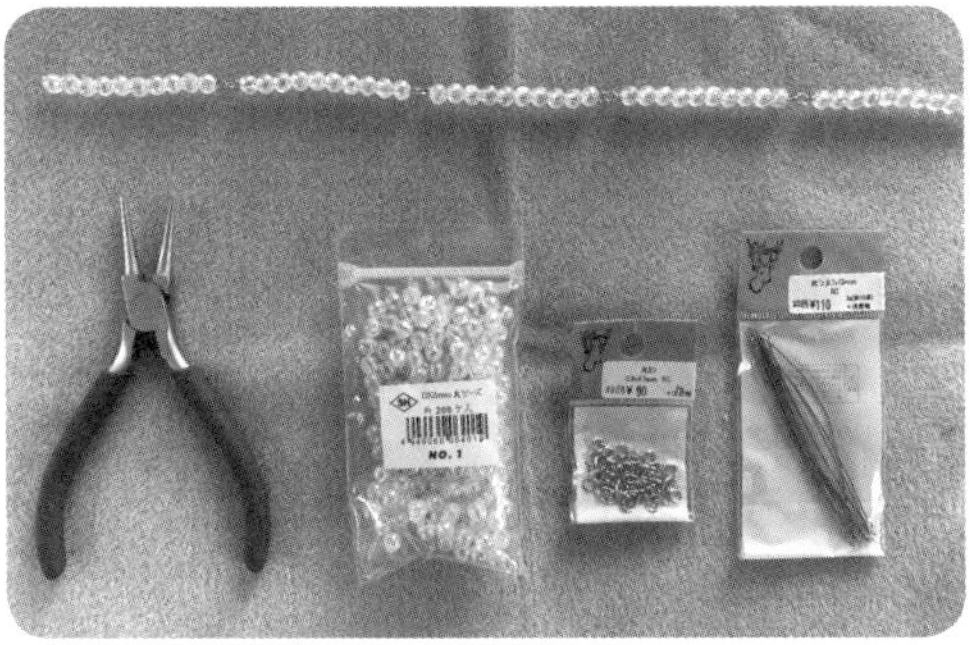

▲ご自宅で簡単につくれます！　道具はこれだけ！

●単位あそび（5歳から）

突然ですが、あなたは自分の家から駅まで何キロか知っていますか？　自分の手に持っているバッグが、約何グラムか想像がつきますか？

「そのようなものはデジタル量りが測ってくれるからいらないよ！」という声が聞こえてきそうですね。

その通りです！　だから、人間の感覚はどんどん退化していくのです。これからの人生を生きていく上で、こうした数・量・距離・時間などを**「肌で感じられて、見当をつけられる」**能力がとても大切になってきます。

小学校に入ってから距離や量や重さの勉強で壁にぶつかってしまう子が多いのは、実体験がないまま小学校に入り、紙の上の説明だけで理解させようとするからなのです。

感覚の敏感期・運動の敏感期・数の敏感期が重なって到来している、この最高の時期に、楽しみながら単位を身に宿しておくことは生涯の財産となります。

●距離＝1㎞遊び（5歳半から）

事前にわが子の歩幅を測っておきます。仮に45㎝だとすると100000÷45＝約2222、これを親は頭にインプットしておきます。

そうしてわが家から駅に向かって散歩をします。子どもは歩きながら歩数を声に出して数えます。数の敏感期にある子どもたちは嬉々として数えるでしょう。

2222歩に差しかかった時に「ストップ」、**「家からここまでが1㎞なんだよ」**と教えてあげます。

子どもはキョトンとしているかもしれませんが、体の中に「あ～家からこのポストのところまでが1㎞なんだ！」という漠然とした概念が必ず根づくのです。

この時期に体にしみついた「1㎞」は一生涯忘れないものです。その後の人生でも、「あ～、あの距離の2倍くらいだから約2㎞かなぁ」と見当をつけることができるのです。

●何でも測ってみる＝重さ

写真のようなキッチン量りを用意します（できればデジタルでないもの）。

５００mlのペットボトルの重さを測ってみます。次に１ℓのペットボトルを測ってみます。これで５００ml、１ℓ、５００g、１kgの概念が身につくのです。

バッグやパソコンなど手に持って重さを予想します。そして、実際に測って当てっこをします。ゲーム感覚で楽しくやりましょう。

ジュースを注ぐ時には計量カップを使います。「じゃぁ、オレンジジュースを３００ml注いでください」と、日々の生活の中に単位を入れていきましょう。

●何でも測ってみる＝時間

ストップウォッチで10秒の概念を作ります。その後、目を閉じてスイッチを押して、10秒と思ったところでストップを押し、当てっこします。

こうしたゲームは、競い合うことが大好きな年長さんに、大人気です。ぜひ、試してみてください。

※ＡＩの時代に何でこんなことをするのか？　と思われるかもしれませんが、これからの時代はすべて機械がしてくれるからこそ、感覚的に単位を身につけておく必要があるのです。

機械の不具合で、機械から誤った指示があったときに、その指示を鵜呑《うの》みにしてしまうのではなく、**「あれっ！　それって、何か変だよね」**と自分の体感する感覚を信じて判断することがとても大切になるからです。それこそが、人間だけができる感覚的な判断だからです。

Point

ホームメイド・モンテッソーリ教育

- □次元を超えた発想は豊かな実体験から生まれる
- □大きな数への憧れを活用して楽しく身につける
- □「距離・重さ・時間」などの見当をつける力が重要

keyword 15

「これなぁに？」から「なんで？」に移行する「科学の探求」

5歳が近づいてくると、子どもたちは**「世の中の仕組み・原理」**に興味を持つようになります。そして、特定のジャンルを深掘りしていくのもこの年齢です。

特に男の子は「鉄道」「自動車」「飛行機」「動物」「昆虫」「恐竜」などの分野に入り込んでいきます。クラスで○○博士が誕生するのはこの頃からです。

「言語の敏感期」が重なることで、難しい恐竜の名前や車の名前、電車の型式、駅名などもスラスラと言えるようになってきます。

「これ、なぁに？」と、モノの名前に興味を持っていたのが、いつの間にか、興味が理由や原理に移行するために「なんで？」を連発するようになるのです。

余談ですが、ちなみに私は幼稚園時代には「恐竜博士」でした。恐竜の名前はもちろん、粘土で恐竜を作るのが得意でした。40年経って幼稚園に教育実習に行った時にも、その粘土細工の上手さは衰えず、子どもたちに大人気でした。

話を戻します。3歳ごろには**「これ、なぁに？」**と、ものの名前に興味を持っていたのが、いつの間にか、理由や原理に興味が移行し**「なんで？」**を連発するようになるのです。これが第二の言語の爆発期です。

人間には「物事を探求する」という傾向性があり、この傾向性は一生涯続きます。古代から人間は物事を探求し、その結果を子孫に伝えてきました。その集積の上に私たちの文化がなりたっているのです。

「なんで？」と繰り返す質問には、そのような人間としての本能が背景にあると思えば、忙しい時でも丁寧に答えてあげようという気持ちも強くなるものです。

こうした、子どもたちの燃え上がる好奇心に見合う環境を、ご自宅にそろえておきましょう。

●図鑑（4歳から）

4歳以降、自宅に必ず備えつけておきたいものが「図鑑」です。図鑑はそれぞれのジャンルをカテゴリー別に分けて考える土台となります。子どもの興味がない他のジャンルもひと通りセットしておくと、図鑑を通して興味の対象が広がります。

「電子パッドで十分なんじゃないの？」という声も最近は聞かれます。パソコンや電子パッドはその場で調べて、動画を含めて見せることができるという大きなメリットがあり、私も活用しています。しかし**「大人にお願いしないと調べられない」**という大きなデメリットがあるのです。

図鑑には**「好きな時に、自分で本棚から取り出し、自分で調べることができる」**という大きなメリットがあるのです。

●地球儀～国旗

テレビのあるリビングに置いておきましょう。ニュースなどで、国名が出てきたときにその場で、地球儀で、一緒に場所を調べましょう。

国旗のデザインはこの年代の子どもにとってとても魅力的な存在です。国旗を見せたり、特産品などへと話を深めていきます。こうした展開ではパソコンやパッドのほうがスピーディで有効です。

●磁石

子どもにとって磁石は不思議の塊《かたまり》です。なぜ、くっつくのかの理由は、今は理解させる必要はありません。

「世の中には磁石につくものと、つかないものがあるのだ」ということを体で感じるだけで十分です。

バスケットの中に様々な素材の物を入れておいて、自ら実験をさせてあげましょう。砂場に持って行って砂鉄を集めるのも良いでしょう。

「なぜなんだろう、不思議だなぁ～」が学びの種になるのです。

栄養豊かな畑のような、3～6歳という時期に、不思議の種を子どもの心の中にたくさんまいておこう！ という親の気持ちが大切です。

●水に浮かぶ・沈む

水に浮かぶものと、浮かばないものがあることも子どもたちの不思議の種です。

水がこぼれても大丈夫な大きなトレイの上に、大きなボールを置き、そこにたくさんの水を注ぎます。その中に、様々な素材のものを、一つずつ浮かべていきます（鉄や発泡スチロール・野菜・くだものなど）。

また、空気が入ったコップを水の中で返して、空気の塊が浮上する様子や、ストローで息を吹き込み、ブクブク出る状態を見ることも興味深い体験です。お風呂の中も子どもの実験室になります。

●デジタルカメラ（4歳から）

高級品として子どもが触れることができなかったものに「カメラ」がありました。しかも、フィルムや現像も高価でしたので、子どもに撮影を任せることはできませんでした。

しかし、技術の革新でカメラは安価で、壊れにくい存在になりました。お散歩や、動物園などに行くときは「マイカメラ」を持たせてあげることで、新しい発見を生みます。動物の顔のどアップや、シッポだけなど、子どもならではの視点で撮影をします。傑作は印刷して、部屋に貼ってあげましょう。

●火の存在を教える（5歳から）

親として子どもに伝えておきたいことに「火の大切さと危険さ」があります。最近はオール電化であったり、「危険だから」という理由で、火の存在を感じることができなくなりました。しかし「危険だからこそ」しっかりとした関わりを教える必要があるのです。

キャンプなどの機会を利用して、マッチやライターで火のつけ方から、その危険さについて教えます。そして「大人がいない時には決して火は扱わないこと」を約束させます。

その他、子どもたちの「科学的興味」に応える環境のヒントをお伝えしておきます。

●風の力を体感する（風車・凧あげ・風鈴）
●太陽の存在を感じる（影踏み・日時計、鏡）
●時間を体感する（砂時計）
●拡大してみる（虫眼鏡・望遠鏡）

Point

ホームメイド・モンテッソーリ教育

- ☐ 特別な施設に行かなくてもできるモンテッソーリ教育は、身のまわりにたくさんあります
- ☐ 5歳からの「なんで？」が学びの始まりです
- ☐ 学びの種をいっぱいまいておく・刈り取るのは遠い先です

keyword 16

AIにはできない「肌で感じる」という能力

「自然・季節の探求」

「子どもは小さな科学者である」。

モンテッソーリはそう言いました。まさしく「知性の芽生えの時期」と言えるでしょう。感覚の敏感期に、より研ぎ澄ませた感覚器官を使って、ありとあらゆるものを見て、触り、聴き、匂いを嗅ぎ、時には味わい、それが何なのか確かめようとするのです。

ぜひ、家の外に出ましょう。3～6歳は家族のイベントにして、楽しみながら何でも学ぶことができる素敵な時期です。

私たち日本人は四季を味わうことができる数少ない民族です。昔の人は四季をさらに24に分け、二十四節気《にじゅうしせっき》として感じられる、鋭い感性まで持ち合わせていました。

しかし、現代の都心でのマンション住まいは、季節の移ろいを感じることはできません。

ＡＩにはできない、人間だけにできる**「肌で感じる」**という感性を身につけるためには、自然の中に身を置くことを意識的にする必要がある段階まできてしまったのです。

●季節に一度は同じ場所を散歩する

同じ場所に時期をずらして通うことで、季節の変化を感じることができます。毎日の通園の道すがら季節の移ろいを感じることが一番です。

しかし、都心のアスファルトや、バス通園ではそういった体験はできません。そのような家庭環境では、最低でも季節に一度、散歩の日を決めると良いでしょう。

できれば、きちんと整地されてしまった公園ではなく、山、森、川などが、自然にそのままある

環境が望ましいです。同じ場所に行くことで、春には花が咲き、夏には虫が鳴き、秋には葉の色が変わり、冬には生物の姿が見えなくなるという、季節のサイクルを感じることができます。

●庭は子どもの小さな実験室

庭は子どもの実験室です。どんなに狭くても、子どもに開放してあげましょう。マンションであればベランダでも構いません。

草木を自分で植え、水をあげることで、芽を出し、花を咲かせ、実をつけるという生命のサイクルをこの年代に感じることが大切なのです。庭での活動を自由に任せる代わりに、そのスペースの管理人として責任を持たせるのもいいでしょう。

●生き物の大切さ

子どもに命の大切さを教えるために、動物を家族の一員として迎えることは最適の方法であり、最適な年代でもあります。ペットの世話の中で子どもの役割を決めることで、責任感を育てることにつながります。

ペットの中には寿命がとても長いものや、とても大きくなるものもあるので、責任を持って最後まで面倒を見ることができるか、話し合うことも大切です。

●命をいただく経験

人間は様々な命を殺めて、それを食して生きていることを学ぶことも大切です。たとえば家族で魚釣りに行き、釣った魚を包丁でさばき、火を入れて食す。残った骨や内臓は土に埋めて自然に戻すという、一連の命のサイクルを体験をします。「いただきます」の本当の意味を肌で感じられるのはこの時期ならではだからです。

●災害体験（5歳以降）

災害が起きた時にどうするのか？　こうしたことも家庭で話し合い、準備をしましょう。持ち出し袋の中身を一緒に考え、話し合いながら準備します。

停電などのニュースを見た日には、スマートフォンの電源を切り、ロウソクの炎だけで一晩過ごすことも良い体験になります。断水も含め、いつも身近にあるものの「ありがたさ」を感じる体験になります。

●リサイクルを身近なものにする（5歳以降）

子どもたちがこれから生きていく時代は、環境、資源が大きな問題になってきます。そうした社会を切り開いていくためには、資源のリサイクルを一人一人が心掛けるしか方法はなくなります。家庭の中でリサイクルのルールを決め、係りを決めましょう。

家庭で会議を開き、意見を出し、ルールや係を決めることは、社会に出るための最高の実習になります。

Point　ホームメイド・モンテッソーリ教育

- □子どもは小さな科学者である
- □話し合い、自分の考えを伝える習慣をつける
- □災害・リサイクルなどを、身近な問題として体感する

column

父親のモンテッソーリ教育「3〜6歳はお父さんの出番です」

私は4人の子の父親ではありますが、実は私ども夫婦は再婚同士の夫婦で、上3人の子と私は血がつながっていません。再婚後ほどなく一番下の実子が誕生。ほぼ一度に4人の父親となり、とてつもなく大変なスタートでした。

頑張りが空回りして、ストレスから入院したこともありました。そんな時に、私の助けになったのがモンテッソーリ教育だったのです。

そのような経験から「自分と同じように子育てに悩むお父さんのために、モンテッソーリ教育を伝えたい！」という一心で、20年間勤務した外資系金融機関を退職、50歳からモンテッソーリ教師の資格取得のために学校に通い始めたのです。

ですので、出版を通して、多くのお父さんから「本を参考にしてモンテッソーリ教具を作っています」とか「夫婦で子育てについて話し合う機会が増えました」などという報告をいただけることが、私にとって最大の励みになっています。

「モンテッソーリ教育は医師が考え出した教育法なので、論理的で、男性にもなじみやすい」という感想もいただいています。

3歳からは子どもの興味がより幅広く、より深くなっていきます。よって、3歳以降は、お父さんの役割がさらに重要になってきます。

「オタクが世の中を動かしている」、これは私の持論です。

ビル・ゲイツも、ジェフ・ベゾスも、マーク・ザッカーバーグもみんな「オタクの進化系」だからです。

「これどうなっているんだろう?」という幼い時の興味がすべての始まりです。そして、体験を通して、**「なるほど、そういうことだったのか!」**と感じる、これが学びの種になるのです。

この**「学びの種」がまかれるのが3〜6歳**なのです。大切なことは、自分で興味の対象を見つけ出し、疑問に持ち、実体験を通して原理を知る。このサイクルなのです。

従来の教育で、親や教師から与えられた課題をこなし、正解を教えてもらって

column

いては、本当の学びは生まれてきません。

こうした学びのサイクルを、手を出さず、口を出さずに長期的に見守る役割は、お父さんが適任なのです。何かを教え込む必要はありません。ぜひ、となりを走る伴走者のつもりで見守ってください。

これからの社会では、「予測されること」はAIやビッグデータが処理してくれます。人間に必要なことは「不測の事態」が起きた時にどう発想し、対処するか？　にかかってきます。こうした時に必要となるのは、人間が本来持っている感性や感覚、肌で感じて自分を信じて決断できる力です。こうした人間ならではの力が宿るのが3〜6歳なのです。

旅行、アウトドア、キャンプ、実験、探検などの機会をつくり、わが子の感覚を育てることは、お父さんの出番なのです。

すべてとは申し上げません。この本を読まれて、「共感できる部分、あぁこれなら僕にもできるなぁ」ということから実践していただければと思います。

keyword 17

家具・インテリア・オモチャ「自分で選べるか?」がテーマ
「環境の見直し」

わが子の体の成長と、心の成長に合わせて、「家具・インテリア・オモチャ」の見直し・入れ換えも必要です。少なくとも半年に1度は点検をしましょう。

体の成長に合わせて、家具など大きなものが必要なこともあれば、能力の成長に合わせて、要求されるオモチャも変わってきます。

●机と椅子を備えつける（3歳から）

インテリアで一番大事なことは「一人でできる環境」ということです。小さくても良いので自分の机と椅子を用意してあげましょう。

どんなにオシャレで、高価な机でも、自分一人では座れない、長時間集中できないものでは意味がありません。次の5つの条件に注意しましょう。

1 椅子に腰かけた状態で、かかとが床につくこと
2 椅子は自分で出し入れができる軽さと安定性
3 回転椅子は集中の妨げになるので、この年代には向かない
4 机は壁に向けてつけると、一人で集中でき、道具が落ちにくい。親と対面は最悪
5 通園の道具も自分で片づけられるように工夫する
※リビングテーブルで生活する場合でも、集中して座れる工夫をする

また、作業の道具、クレヨン、ハサミ、のり、セロハンテープなどの定位置を決め、作業の材料、折り紙、画用紙、ヒモ、箱などは自由に使えるように、常に一定量セットしておくことも大事です。

ポイントは必要以上のものを置かずに、自分で選べる環境を作ること。「片づけなさい！」と叱る前に、「一人で片づけられる環境かどうか？」を見直します。一人で片づけられる環境にすれば、叱る回数が激減します。

●活動を継続できる活動環境

5歳を過ぎてくると、活動が複雑で大がかりになり、1日では終了しない「超大作」に挑むことができるようになります。「また明日やる」というのは、一時的に記憶しておける「メモリー機能」が脳に育ってきた証です。お仕事をそのままに保存し、明日そのまま再開できるように、浅い箱のふたなどを用意してあげましょう。モンテッソーリ園ではこうした環境にとても気を使っています。

●文字が読めることを活用する（4歳から）

ひらがなに興味を持つ4歳以降は、タンス、引き出しなどの中身を、ひらがなで札を貼って分類します。親が勝手に貼ってしまうのではなく、分類の作業や札作りから一緒に参加させることがポイントです。靴下は靴下、シャツはシャツと、話し合いながら作業をすれば、整理の自覚が変わってきます。

幼稚園・保育園では自分の着るもののハンガーかけなどは徹底していると思いますので、家庭でも子どもサイズのハンガーを準備して、自分でかけるように習慣づけます。

自分の脱いだ服、洗濯物、パジャマを一時的に入れるかごもセットしておきましょう。洋服の引き出しも整理します。引き出しにたくさん入っていた服の量を減らし、体型、季節に合ったサイズの服だけに絞り込みましょう。

子どもの自発的な活動の出発点は**「選ぶ」**ことにあります。親は「どうしたら、自分で選べるだろうか？」ということだけを考えれば良いのです。

5歳を過ぎたら、小学校準備のため、一人でできることと、机に一人で向かう習慣を意識するようにしましょう。

Point

ホームメイド・モンテッソーリ教育

- [ ] 机と椅子を設置する
- [ ] 「片づけなさい」という前に「一人で片づけられる環境か？」見つめなおす
- [ ] 整理に子どもを巻き込んで、自覚を持たせる
- [ ] 「どうしたら自分で選べるか？」だけを考える

オモチャの選び方と与え方

年齢に合わせてオモチャの入れ替えをします。

❶オモチャは厳選する

「うちの子は移り気で集中しないのですが」というご相談もよく受けます。

子どもが、様々なものに次々と興味を示すことは基本的に悪いことではありません。しかし、ご家庭の環境が豊かすぎて、ものであふれている場合は問題です。

モンテッソーリ園では必要な教具を厳選し、数少なく、取り出しやすくセットします。それは、自分の力で選んで、集中してほしいという目的があるからです。

5歳までの子どもには多数のものの中から「どれにする?」という選択はできません。二者択一、「どちらにしますか?」という環境が適切です。

私たち大人であっても、家庭にテレビが1台しかなく、その時間にしか見られない環境では集中して見たものです。

現代社会では、テレビは何台もあり、録画もできれば、YouTubeなどいつでも自由に見ることのできる動画もあふれています。そうした環境になれば大人でも動画の見方がどんどん雑になっているのを考えれば、子どもにオモチャを与えすぎるとどうなるか？　想像がつくはずです。

そうした意味で、オモチャの断捨離が必要になるわけですが、親が子どものオモチャを勝手に捨ててしまうことは厳禁です。

いくら幼稚なオモチャに見えても、子どもには愛着があるからです。そして、ものを大切にするという気持ちも育てなくてはいけません。子どもと話し合いながら、必要か不要か？　二者択一で整理していきます。不要と判断したものは感謝して、リサイクルに出すようにしましょう。

❷完成品を与えない

3歳以降の子どもがオモチャを通して得てほしい経験は「工夫」です。「工夫は不便」から生まれてきます。「完成したオモチャ」を与えるよりも、「未完全な素材」を与えたほうが子どもの工夫は育ちます。

「スマホゲーム」は手軽に遊べて楽しいとは思います。しかし、工夫はあるでしょうか？　どんなに楽しくてもプログラマーの考えた範囲内で**「遊ばせてもらっている」**という立場になってしまいます。

ハサミや段ボール箱、ガムテープを駆使して作った秘密基地などは、不便かもしれませんが、「工夫」に満ち、**「自分が遊びを創り出す」立場になれるのです。**

❸オモチャには2種類ある

オモチャにはオープンエンド型とクローズエンド型の2種類があることをご存じですか？

オープンエンド型

積み木、レゴなど、制限がなく、どこまでも活動が展開できるオモチャを「オープンエンド型」と言います。

シルバニアファミリーなどのドールハウスや、プラレール、トミカなども子どもの発想次第で展開が広がるという意味ではオープンエンド型に入ります。

クローズエンド型

パズルなど、活動にゴールがあり、そのゴールに向けて集中するものが「クローズエンド型」です。

パズルのピースや難易度は子どもの成長に合わせてバージョンアップしていきます。子どもは、自分にとって簡単すぎるものには、もう手を出さなくなりますので、入れ替えます。

また、難しすぎるパズルを購入してしまった場合は、いったんしまっておき、時間をあけてまた出してきます。

パズルは親が手伝わないのが鉄則です。ここで、一度手伝ってしまうと、その後も必ず一緒にやることになってしまい、パズルの喜びや効果が半減してしまうからです。

子どもには、オープンエンド型とクローズエンド型のどちらも必要です。入れ換え

の時にバランスを意識してみましょう。

❹「知育玩具」について

「どうせオモチャを買い与えるのであれば、勉強の役に立つものを」という親の下心をそそる「知育玩具」が売られています。全面否定するわけではありませんが、注意点をお伝えしておきます。

注意点1 子どもの成長過程に合っていない

早くに数字を覚えてほしいからといって3歳児に算数パズルを買い与えたり、「文字の敏感期」が到来していないのに読み書き問題の玩具を与えるなど、早期に与えることにより、数字・文字嫌いを生み出します。

注意点2 動きを伴わない

3歳を過ぎても子どもは動きながら学びます。手指を使うことで、作業が進むような仕組みが必要です。ただ、眺めているだけの知育玩具は意味がありません。

注意点3 工夫がない

やり方・答えが決まっていて、工夫や応用がない知育玩具は子どもの発想、発展を生みません。

●知育玩具を選択する親の考え方が危険

知育玩具自体に問題があるのではなく、それを選択する親の深層心理に問題があります。知育玩具を与えることで、他の子よりも早く文字や数字が読めるようになってほしい！　将来の勉強に有利に働かせたいという親の考え方が、逆にわが子の本当の成長をゆがめてしまいます。**早期に知識を集積することが「頭がいい」と思う時代は既に終わっています。**

Point ホームメイド・モンテッソーリ教育

- □インテリア、オモチャは子どもの成長に合わせてバージョンアップする
- □オモチャには2種類ある
- □知育玩具を選ぶ親の心理に一番の問題がある

keyword 18

子どもたちは、「真似をする天才」
社会性を育てる「文化・礼儀の敏感期」

人間は様々な環境で生きていくことができます。北極でも赤道直下でも、水辺でも山間でも。このような生物は他に存在しません。

たとえばアフリカにいるキリンを北極に連れて行ったらどうなるでしょう？　逆に北極の白クマを亜熱帯に連れて行ったらどうでしょうか？

それぞれ適応できずにすぐに死んでしまいますよね。人間の適応の素晴らしさが理解いただけると思います。

なぜ、そのようなことが可能なのでしょうか？　人間は産み落とされた環境に**適応していく傾向性**があるからなのです。

生まれ落ちた、それぞれの地域の気候に合わせ、衣服を整え適応していきます。それぞれの地域で捕れる食物を加工し、味つけをして適応していきます。そして居住する地域の文化、風習、礼儀を吸収し適応していくのです。

逆に環境に適応しないと、生き抜いていけないから、子どもはまわりで起きることを見て、真似て、どんどん吸収していくのです。

最も注意すべき点は、見たこと、聴いたことをすべてそのまま吸収し、そこには**「善悪の判断はない」**ということなのです。お手本となる私たちの言動がとても大切だということがおわかりいただけると思います。

●家族会議で習慣の見直し

親は子どもがいない時に、言葉使い、行動、習慣について見直しておきましょう。

私自身も、間違った箸の持ち方をずっとしていたのですが、子どもを育てるにあたって直した経験があります。長い習慣を直すのは大変でしたが、わが子のことを思えばこそ可能だったのだと思います。

●礼儀のレッスン（家の中）

子どもに正しく伝えたい礼儀・作法・家庭行事をリストアップします。それぞれ正しいやり方をデモンストレーションしましょう。
モンテッソーリ園でもグループで、楽しく学んでいます。お家でも、パパとママが見本を見せて、次は役割を変えて自分が行うことはこの年代の子どもにとって、この上なくワクワクする経験です。

［朝昼晩のあいさつ］

あいさつは習慣です。親から声をかけ、しっかり目を見て答えを待ちましょう。子どものほうが先にあいさつをしたら、先に言えたことの素晴らしさをしっかり認めてあげましょう。

●何かをお願いする時は「～をしてください」と言い、してもらったらきちんと「ありがとう」と言う。**「ありがとう」をタイミング良く言う**レッスンは大切です。

●悪いことをした時の**「ごめんなさい」**は、実体験がとても重要です。そのタイミングを逃さずに、教えてあげましょう。

ただし、あやまれば良いというわけではありません。子どもには子どもなりの言い分があるものです。5歳以降は子どもの考えをしっかりと聞いて、学びの場に変えることも必要です。

【せきやくしゃみの仕方】

まわりの人に配慮する仕方を、親がしっかり見本を見せます。

モンテッソーリが子どもたちに美しい鼻のかみ方をして見せた時のことです。その優雅さとすばらしさに、子どもたちが拍手したという逸話が残っています。それまで、大人は誰も真剣に教えてくれなかったのですね。

【食事の時のマナー】

子どもの成長に合わせて、家庭でのルールを見直してみましょう。

箸の扱い、食事の時に音を立てないなど、親も直さなくていけない部分は直していきます。大人が習慣を正すことは大変なことですが、将来、わが子が社会に出てから恥ずかしい思いをすることを考えればできるはずです。

【ドアの開け閉め】

モンテッソーリ教育のカリキュラムには、「素敵なドアの開け閉め」というカリキュラムもあります。様々なスタイルのドアや引き戸を、音を立てずに、美しく開け閉めする練習をグループで楽しみながら行います。ご家庭でもぜひ、行ってみてください。たとえば引き戸では、

取っ手に手をかけて少し開ける⬇隙間に手を入れる⬇通る⬇そっと音がしないように締める

親がこうした一連の仕草を、ゆっくりと、優雅に楽しそうにして見せてあげましょう。子どもは嬉々として、真似をするでしょう！

【椅子の引き方、しまい方】

ガリガリと引きずったり、音を立てて椅子を仕舞う大人もたくさんいます。それは、適切な時期に、適切な見本を見せてもらっていないからです。

モンテッソーリ園では真っ先に練習する活動です。椅子をしっかり持って引き出し、座り、寄せる。立ちあがり、音を立てずに仕舞う姿をしっかり見せてあげましょう。

［ものを静かに持つ・置く］

子どもはものを雑に扱いがちです。「静かにもどして！」と口で言っても、その意味がわからないのです。

モンテッソーリ園では教師が美しい持ち方や、音がしない置き方をお手本に見せます。子どもたちはその美しさに息を飲み、すぐに真似をするようになります。この年代の子どもたちは、**「真似をする天才」**なのです。

［お客様をお迎えする練習］

お客様をお迎えすることは子どもたちにとって特別なイベントです。「スリッパをどうぞ」「こちらにおかけください」「おしぼりをどうぞ」などの声かけで、お客様から褒められたりすると、一瞬で習慣になるものです。

●礼儀のレッスン（公共のルール）

家の外は自分や家族以外の人がいる「公共の場」となります。自分以外にも人が存在し、それぞれが自分の考えを持っているということを、おぼろげながら理解するようになってきます。この時期が公共のマナーを身につける好機といえます。

［電車・バスなどの交通機関のマナー］

電車やバスに乗る前に、「走らない・大きな声で話さない」などの最低限のルールを話し、自分の言葉で確認させます。人に嫌な思いをさせないという側面と、安全面の両方から話します。

［席を譲る時の声がけ］

車両内でしっかり立てるようになったら、老人、妊婦さんなどに席を譲ることを学びます。親が譲る姿を見せれば、自ずと身につくものです。しかし、「席をどうぞ」と声をかけることは、大人でも勇気がいるものです。もし、できたら優しさと勇気を認めてあげましょう。

［スーパーなどでのルール］

買い物に行く前に、みんなのものだから触らない、危険だから走り回らないというマナーや約束を事前に話します。「今日はお菓子は買いません！」などという約束をしたら、泣いても、騒いでも折れてはいけません。

［困ったとき、迷子になったときの対応］

一人で困ったときには、まわりの大人に助けを求めることを教えます。5歳以降は迷子になった時に備え、住所や、親の電話番号などを覚えて言えるようにしておきます。楽しく暗記ゲームのようにして練習しておきます。これらは災害の時にも役に立ちます。公衆電話の使い方も練習しておきましょう。

［人の前後を通る時］

人の前を通る時に「前をしつれいします」とはっきり声にできる大人が何人いるでしょうか？　しっかりとお手本を見せれば、子どもはしっかり伝えることができるようになります。

モンテッソーリ園では、こうしたシチュエーションをグループでゲームのようにして練習します。家庭内でも役割を変えながら練習をしてみましょう。声をかけられた側の印象の良さは、体感しないとわからないものだからです。

［ゴミを見つけた時］

家庭の中でも、屋外でも、「ゴミは必ず誰かが片づけることになる」ことを一緒に考えましょう。「どうせならゴミを捨てるよりも、拾う人になろう」と一緒に話しましょう。

Point

ホームメイド・モンテッソーリ教育

- □ 人間は生まれた地域の習慣に適応する力がある
- □ 親は見本となる自らの礼儀・作法を見直す
- □ 礼儀・作法を楽しく、ゲームのようにして習得する

keyword 19

正しい価値観をつける「倫理・道徳」

わが子の行動が見えなくなる現代社会

これからの世の中は、わが子の行動が親からどんどん見えづらくなってきます。

一昔前は、わが子が付き合っている友達や、わが子が見ているテレビ番組、遊んでいる地域は、だいたい親が把握することができました。

なぜなら、電話は一家に1台、テレビも1台を家族で囲んで見ていました。遊ぶ相手も学校のクラスメイトか、近所のお友達と決まっていました。サザエさんの磯野家をイメージしていただければわかりやすいですね。

いわゆる、子どもたちの付き合いは「線」でつながっていたので、その線をたぐれば、交際範囲に容易に行きつくことができたのです。

しかし、現代社会はどうでしょうか?

スマートフォンは一人1台、LINE・Instagram・Twitterを通して、わが子のコミュニティはすべてスマートフォンの中にあります。家族でテレビを囲むことはなく、子どもは自分の部屋でYouTubeか、スマホゲームに夢中というのが現状です。交際範囲は「線から点」となり、日本中だけでなく地球の反対側にいる人間と簡単につながることができる時代なのです。

最近の青少年の犯罪のニュースの中で「オンラインゲームで知り合ったのが始まり」などという言葉を耳にします。スマートフォンで「#」の後に自分の好きなゲームの名前を入れれば、日本中、世界中のゲーム仲間と一瞬にしてつながることができる時代なのです。

わが子が、誰とどこで、どのように出会い、どのような会話が繰り広げられているか、親は知る由がなくなりつつあります。

思春期ともなれば、親子の会話はグッと少なくなります。その代わりにいじめ、万引き、違法薬物など、わが子に触れてほしくない情報はいくらでも向こうからやってきます。

思春期に、そうした危険な誘いをわが子が受けているその時、私たち親は100％その現場に居合わすことができないのです。

その現場で、その瞬間にわが子が下す決断を信じるしかないのです。

その時、誤った行動を**「思いとどまらせる」**にはどんな気持ち、どんな力が必要なのでしょうか？

「お母さんが心配するから帰ろう」と思うのかもしれません。
「お父さんに怒られるからやめておこう」と思うのかもしれません。
「おばあちゃんを泣かすことはやめよう」と思うのかもしれません。
「友達を傷つけることはいけない」という小さい時のケンカの経験かもしれません。
「うそをついてはいけません」という、幼稚園の先生の言葉かもしれません。
「いつでも神様が見ていますよ！」という宗教の教えかもしれません。

最終的にはこのような、わが子の心の根っこにある「正義感・倫理観・道徳観」が判断の基準になるのです。そして、そうした判断の根っこになる考え方が、3〜6歳の「文化・礼儀の敏感期」にでき上がるのです。

「自分が生活している世界をもっと知りたい」という強い衝動から、自分が生まれた国の文化、習慣、礼儀をどんどん吸収していきます。

その流れの中で「正義感・倫理観・道徳観」が身につき、その後の生涯の考え方の土台となっていくのです。

そして、その吸収の手本となるのが、私たち親の行動・言動なのです。親の普段の会話、生活やまわりの大人の態度、考え方がその基準になるのです。

幼稚園・保育園でお友達と遊び、協力して何かを成し遂げた喜び。時にはケンカをして、いやな思いをして、仲直りをする実体験など、すべての経験をスポンジのように吸収していきます。

宗教があるご家庭、幼稚園、保育園であれば、子どもはそのまま価値観を吸収することとなります。価値観が多様化するこれからの時代には、**「心のよりどころ」として宗教の重要性は、見直されていく**と思います。

正しい礼儀や立ち居振る舞いを、この時期に身につけることで、自分をとりまく人々からの反応が変わってきます。相手からも気持ちの良い反応が得られることで自らの肯定感が高まっていきます。この時期に培われた「正しい価値観」こそが、将来、わが子が人生を楽しく生き抜き、間違ったことを思いとどまる土台となるのです。

●「クリティカルシンキング」が必要な時代

これからは、公に流れている情報がすべて正しいと言い切れない時代に突入します。フェイクニュースが巷《ちまた》にあふれ、自分の価値観で正誤の判断を下す必要があります。

こうした考え方を「クリティカルシンキング（批判的思考）」と言います。

批判的などと言うとネガティブなイメージを持たれるかもしれませんが、要は情報を鵜呑みにするのではなく**「本当かな？　と疑い、自分の考えで判断する」**力を指します。

「ＡＩが下した判断だからすべて正しい」と、鵜呑《うの》みにしてしまうのではなく、自分自身のフィルターを通し、自分の頭で考え、肌で感じる判断が必要なのです。

その基礎になるのが、３〜６歳の「どうなっているんだろう？」「なるほどそうだったのか」という実体験なのです。

Point ホームメイド・モンテッソーリ教育

- □ 思春期になれば、わが子の決断を信じるしかない
- □ 幼少期の価値観・正義感・倫理観が生涯の土台になります
- □ 自分の考えで「本当かな？」と考える力が重要になる

keyword 20

親もバージョンアップ「ほめる・叱る」実践編

「敏感期」を親が予習して、子どもの見かたが変わってくると、**子どもを叱る回数がどんどん減ってきます。**

それでも、叱らなければいけない時にはどうすれば良いのでしょう？

そもそも「叱る」というのはどういうことなのでしょうか？

子育ての最終的な目的が「わが子が一人で生きていけるように手伝う」ことにあるのだとすれば、**「わが子が将来生きていくのに必要な価値観を真剣に伝えること」**が「叱る」ということなのだと思います。

この部分さえブレていなければ、体罰は論外として、親は自信を持って叱るべきです。そして、子どももそれを自分への愛情だと受けとめることができます。

逆に、叱るのがめんどうくさいから、子どもに嫌われたくないからといった理由で、わが子の正すべき行為を見逃すのは、愛情不足と言わざるを得ません。

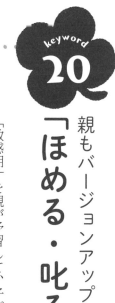

ただし、3歳までの叱り方と、3歳からの叱り方では変化が必要です。

❶言語がよくわかる

3歳を過ぎると、言われている言葉はすべてわかっていると考えて良いでしょう。ただ、意味まで理解できていないことが多いので、伝え方、語調を変えて伝えます。

言葉が通用する分、相手側もごまかす、言い訳を言う、話をそらす、笑いを取るなどの様々な対応方法を持ち合わせるようになります。

そこで、より必要になるのが、親の「真剣さ」です。

この時だけは、目を直視して逃げを許しません。話をそらそうとしたり、おどけた態度をとっても、「真剣に聞きなさい!」という毅然とした態度を見せます。

「ママは、パパは、いつもは優しいけれど、このモードに入ったら本気だな」という判断基準を子どもに植えつける必要があります。

注意点は「ここぞ!」という瞬間にスイッチを入れることです。そして、いつまでもダラダラ叱らないということも大切です。

ビシッと叱られて最初は反省していた子どもも、ダラダラ叱られているうちに、心の中で違うことを考え始めたりするものです。

短く、真剣に叱った後は、「わかりましたか？」、返事は「はい」もしくは「ごめんなさい」、ここで切り替え、すっぱり日常生活に戻ることが大切です。

おどけてごまかしたり、笑いを取ったりする傾向は、以前にその行動でその場を逃れられたという経験からくることが多いものです。父親か母親か、祖父母か誰かがそうした反応をしている可能性が高いので注意しましょう。

❷子どもだましが効かなくなる

3歳までは理解度が低かったので、「寝ないとお化けが来るよ」などの、いわゆる「子どもだまし」が効きました。しかし、月齢が上がってくると、「お化けなんかいないもん！」となります。叱り方でも親のバージョンアップが必要なのです。

3歳を過ぎたら、子ども扱いはせずに、大人に対する口調、理論で伝えていきましょう。

また、4歳以降になると子どもなりの理屈を言ってくることもあります。このこと自体は悪いことではありません。単なる言い訳でなければ、子どもなりの理屈は頭ごなしに封じてしまうのではなく、「なるほど、君はそう考えたんだね」と受け入れてから、話を進めましょう。

「自分の意見、感情を、言葉で表現する」ことは3～6歳に絶対に体得しなくてはいけない要素です。そうした兆《きざ》しが芽生えてきたことに、気がつける親でいたいものです。

❸自分以外の人の存在

0～3歳までは子どもは「超自己中心的」です。第三者の気持ち、存在自体も理解できないものです。お友達のオモチャもすべて自分のものなのです。

しかし、4歳を過ぎるころから、世の中には自分以外の人間がいて、それぞれ感情があるんだということに気づき始めます。これが69ページでお話しした「他者への配慮」の始まりです。

園でも年中さんになると、グループ活動を通して、助け合うことを学びます。

叱る時にも「○○ちゃんはどういう気持ちになるかなぁ?」「このままにしておいたら、次に使う人はどうだろうか?」という問いかけを使い、考えさせるようにしていきます。

❹叱った後が親の課題

3歳を過ぎると、こだわりが深まり、個性がはっきりしてきます。特に母親から見た男の子の変わった行動は理解に苦しむことも多くなります。粗雑な言葉使いが気になるのもこの頃です。

まわりのお友達の影響を強く受け、「うんこ、おしっこ」など、大人が嫌がる言葉をわざと言って、男同士でゲラゲラ受ける光景は、いつの時代も必ず存在します。

「俺は言ってはいけない言葉を言った勇気がある者、お前も言ってみな！　おれたち仲間だぜ！」のような連帯感を習得している最中なのです。こちらが過剰に反応すると、もっとやりますので静観が一番です。

「ダメでしょ！」と子どもを叱った後に、「さて、この子は本当は何がしたかったのだろう？」と振り返る余裕を持ってほしいものです。そして、敏感期にあてはめて「ダメ」と叱らないですむような環境作りや、伝え方はないだろうか？　と発展的な考えを持っていただきたいと思います。

モンテッソーリ教師は「ほめない」？

私どもモンテッソーリ教師は「ほめる」という行為をしません。なぜならば、敏感期にある子どもは、自分の意志で、今自分の成長に必要な活動を選択して集中しているわけです。人に見せるためでも、先生や親にほめられたいから活動しているわけでもないのです。ですから、むやみにほめることは**子どもに対して失礼だと考える**のです。しかし、**「認める」ことは積極的にします。**「あなたが一人で最後まで頑張ったことを、私はしっかり見ていましたよ」「あなたがしたことで、まわりの人がたすかりました。ありがとう」と、言葉や態度でしっかりと伝えます。

大人から見て望ましい活動をとった時に過剰にほめることで、また次も同じ行動をさせようとする。これを**「おだてる」**と言います。おだてられた子どもは、大人が見ていないところでは活動をしなくなってしまうのです。

あるモンテッソーリ園を見学した時のことです。40名近い異年齢が混ざる縦割りのクラスを、ベテランの担任の先生がたった一人で受け持っていました。

先生はクラスの真ん中に座っていて、子どもたちは自主的に様々な活動を選び、集中しています。それぞれ活動が一区切りすると先生に見せにきます。すると先生はほめることなく、満面の笑みで**「良かったね」**と声をかけます。子どもは満足そうな表情でまた活動に戻って行くのです。

教師と生徒という立場を超え、同じ人間として敬意を持ち、まるで親友に話すように**「あなたがしたいことが最後までできて、本当に良かったね」**と伝えているのです。

私はなんと、高い精神性の関係なのかと深く感動しました。

Point

ホームメイド・モンテッソーリ教育

- ☐ 親のほめ方・叱り方もバージョンアップする必要がある
- ☐ 自分の考えを伝えることが大切な年齢
- ☐ 敏感期を理解することで、叱らなくても良い環境を考える
- ☐ ほめるよりも、認める、お礼を伝える

keyword 21

その口癖がわが子をダメにする！「子育て禁句10連発」

叱ることは親にとってもエネルギーを消費するものです。しかも、効果がない、逆効果ということも多々あります。不用意に繰り返す口癖が、わが子の将来を大きく左右することもあります。私ども親がつい口に出してしまいがちな口癖を列挙してみました。親子関係のバージョンアップにお役立てください。

❶「ダメでしょ！」

子どもは禁止されている事実は理解しますが、じゃあ、どうすれば良いのかはわからないので実質的な効果がありません。

「椅子の上に立ってはダメでしょ！」と叱られても、どうすれば良いのかわかりません。なので、

「お尻をここにしっかりつけて、座ろうね！」と具体的な行動を言葉で伝えます。

❷「ちゃんとしなさい」

これも同じ。**そもそも、ちゃんとしたやり方がわからない**ので効果がありません。ちゃんとしたやり方を、親がその場でやって見せる。特に難しいところは、ゆっくり、何回もして見せるようにします。

❸「早くしなさい」

そもそも、子ども側には急ぐ理由がありません。理由をしっかり伝え、助けてほしいので協力してほしいと伝えることも時には必要です。また、4歳以降は、競争が好きな年代なので、ストップウォッチ、キッチンタイマーなどで、時間的な目標を持たせるなどの工夫も必要です。

❹「何度言ったらわかるの？」

何度も、ということは、何かしら原因があるものです。よく観察して、原因を突き止めます。言ってもわからないことは、見本を見せてあげることで解決していきます。

❺「やっぱり、またやった！」「言わんこっちゃない」

❹と同じで、何回か繰り返すということは、問題を起こす予兆があるはず。過去にどんな状況でその行動をしたか分析してみると、解決のヒントがあります。物理的に無理な原因がある場合は、環境を見直してください。

❻「代わりにやってあげる」＝代行

親切に聞こえますが、「どうせ、あなたにはできないから」「私がやってしまったほうが早く終わるから」という深層心理からきています。「代行」を繰り返すと、親の指示がないと何もできない指示待ちの子どもに育つので、要注意のひと言！

❼「お母さんが言った通りでしょ！」「お父さんの言う通りにしてごらん！」

子ども自身の可能性を潜在的に信じていないひと言。子どもがせっかく一人でできても、このひと言で「やっぱりママ、パパがいないと僕は何もできないんだ」という自己肯定感の芽をそぐひと言。この依存関係は思春期まで続くので要注意です。

❽「どうしたらいいかなぁ？」

一見、子どもの自主性を促しているように聞こえますが、大人側が期待する正解を持っていて、それを言うことを期待しているケースがほとんどです。これでは、正解の強制であって、自主性は育まれません。

❾「お姉ちゃんはこんなふうじゃなかったのに」「クラスの○○君はこうなのに」＝比較

比較でコントロールする子育ては百害あって一利なし。**比較して叱られた子どもは劣等感を、比較して褒められた子どもは蔑《さげす》みの心を宿す**ことになります。

特に、兄弟姉妹間の関係は一生涯続き、その傷も一生涯残りますので要注意です。

「比較して子育てはしない！」と親が心に刻む必要があります。

「お父さんの時はこんなだった！」という昔の自分との比較も問題です。記憶というものは曖昧なので、自分に都合の良い方向に書き換えられていることが多いものです。

思春期において、エリート意識の高い父親との深い溝を作るのはこのケースが多いものです。**子どもはあなたのコピーではなく、自分の人生を今、生きているの**です。

⑩やっぱり遺伝だわ！

大人自身が納得しやすいので、遺伝ですべてを解決しようとします。遺伝ですべてを解決されてしまったら、子どもが自ら成長する意味がなくなってしまいます。不用意に繰り返して耳にしていくと、子どもも「どうせ遺伝だからしょうがないんだ！」というプログラムができ上がってしまいます。祖父母も言いがちなひと言なので要注意です。

※モンテッソーリは医師でありながら、膨大な文献の中に「遺伝」という言葉が1回も出てきません。

「子どもはすべてのことができるように生まれてくるのです。もし、できないことがあるとすれば、物理的に不可能な環境にあるか、どうすればいいのか、やり方がわからないだけなのです」

その、基本的な考え方を、最後まで貫いたのだと思います。

keyword 22

個を大事に

「男の子だから、女の子だから」はもう古い!?

モンテッソーリ教育には、男女によって対応を変えるという考え方はまったくありません。

劣悪な男女差別の渦中を勝ち抜き、イタリア初の女性医師となったM・モンテッソーリにとって、男性、女性の能力の違いなど考えもしなかったのかもしれません。

ジェンダー（性別）に対する開かれた時代が到来しているのに、親や教師が男の子だから、女の子だからという偏見を持つこと自体が、子どもの可能性を狭めてしまうことになります。**男女平等は、私たち大人が考え方をバージョンアップしていかなくてはいけないポイント**の一つです。

しかしながら、書店には「男の子の育て方」「女の子の育て方」などの分類された書籍がたくさん販売されています。

なぜ男の子の成長と女の子の成長が違って見えるのでしょうか？
それは、**男女によって敏感期に反応するジャンルやこだわりの深さが違う**からです。
特に女性であるママから見て、男の子の行動が理解しがたい理由がここにあるのです。

0〜6歳の乳幼児期には、男女に関係なく敏感期が到来します。特に3〜6歳は様々な敏感期が併行し、重なり合って到来するので、反応の仕方は個々によって大きな違いが出てきます。男女によっても反応の差が出てくるのです。

特に男の子は敏感期に対するこだわりが強く出る傾向が大きく、その強さが、奇行、聞き分けのなさに映って見えます。おまけに、没入するジャンルが、女性であるママからするとまったく理解できない世界だったりするので、謎が深まるのです。「恐竜ばっかり」「電車ばっかり」「昆虫ばっかり」。こだわり出したらテコでも動かない。

収集癖も男の子のほうが強い傾向があります。大人になっても「マニア」が圧倒的に男性に多いのは、この時期からの流れと言えるでしょう。

一方、女の子の興味はコミュニケーションに向かう傾向が強く、特に、言語の敏感期の到来から、おしゃべり、お手紙、色彩、ファッション、アクセサリーなどに強い興味を示します。そして、最も真似をしたい対象が、憧れのママなのですから、こちらは理解しやすく、共感もできるわけです。

このように男女で傾向の違いは見られますが、子どもは「個」ですので、それぞれ、敏感期にこだわるジャンルや行動に違いが出てきます。

男の子なのに手芸が大好きな子もいれば、女の子なのに爬《は》虫類《ちゅうるい》に夢中！　などという子もいるでしょう。すべては**集中に向かっていればOK！　親が理解できないからこそ、可能性がある**と思いましょう。

棋士の藤井聡太さんが、モンテッソーリ園で「ハートバッグ」という紙の編み物に

▲「僕は今、編み物に夢中!!」

夢中になり、100個以上作り続けたという話は有名です。その集中力が今の対局を支えているのだと思います。

親がすべて理解できる行動ばかりで、親が期待するような行動しかとらなくなってしまったら「子育ては黄色信号」です。

こだわりが強く、親がいくら言っても自分のやり方を貫く姿が見られたら、「うちの子楽しみだわ」と思える親になりたいものです。

そのためには、「男の子だからこう、女の子だからこう」といった偏見を持ったり、偏った情報に振り回されることで、わが子の本当の姿を見失わないように注意しましょう。

また、「ママ似だから、パパ似だからこうなんだ!」などの決めつけも、わが子を一人の人格として認めない、とても失礼な考え方です。先入観を捨てて、その子の今の姿を観察することから始めましょう。

「こだわり=探求」と置き換えられれば、そうした行動も素晴らしく輝いたものに見えてきます。その姿に「集中」さえ見られれば、それが一番大切だと考え方を変えましょう。

Google も Facebook も Amazon も「こだわり＝探求＝集中」の延長線上に生まれてきた企業文化なのですから。

男の子にモンテッソーリ教育は向かないの?

モンテッソーリ園で静かにお仕事をする他の子どもたちの姿を見て、「うちの子は駆け回ってばかりで、モンテッソーリ教育は向いてないのではないでしょうか?」と男の子のママから相談を受けることがよくあります。

子どもというものは親が思うよりもはるかに**「多面性」**を持っているものです。外でどろんこになって駆け回っている姿もあれば、好きなジャンルに静かに集中する側面も、わが子は必ず持っています。

最も大事なことは、本当の「集中」は、子どもが自らの成長段階とマッチした活動を、自分で見つけたときに初めてやってくるということです。

モンテッソーリ教師は、日々の生活の中で、静かに集中する姿が見られない子どもには、**「彼はまだ、本当にやるべき活動に出会っていないのだな。彼の敏感期にマッチした活動が提供できるように、もっと彼を観察しなくては」**、そうとらえます。

モンテッソーリ園には、敏感期に応じて様々な活動を、自分で選べる環境が整備されています。本当に自分が今、すべき活動に出会える可能性が高いといえます。

そうした視点からすれば、敏感期へのこだわりが強く、個々のジャンルに深く入り込む男の子にこそ、むしろモンテッソーリ教育は向いていると言えるのです。

モンテッソーリ園に通うと、集団行動についていけなくなるのでは？

これも、多い質問なのでお答えしておきます。

一般的な一斉保育の幼稚園や保育園では、先生が課題を提示し、みんなで協力して取り組み、時間が来たらみんなでお片づけ、終了になります。

モンテッソーリ教育は自由保育なので、自分のやりたいことを選び、個人で気がすむまでやり続けることができます。

自由にばかりしていると小学校にあがってから、一斉活動についていけないのでは? という疑問が生じてきます。お気持ちはわかりますが、私どもは親はこれからの「集団行動」について、考え方を変えていく必要があります。

高度成長時代には集団に準ずることが何よりも大切であり、そうしていれば安全でした。しかし、これからの時代は「個」の重要性が増してきます。

モンテッソーリ教育では、個の集まりが集団という考え方をします。「個」をしっかりと持てるようになって初めて本当の集団活動が成立するという考え方です。**「自分は自分で良いと認められてはじめて相手のことも認められる」**という考え方をします。

「みんなと同じ」が大切な時代から、「みんなと違う」ことが必要な時代が来ています。

「考え方が偏ってしまうのでは?」という声もあります。しかし、「偏る」ことは本当にいけないことなのでしょうか? 特定のジャンルに偏ればこそ、突出した能力が発揮されます。

稀《まれ》にしか存在しない特別な技術を持った、生まれたての企業を**「ユニコーン企業」**と呼びます。日本がGAFAの次を担うユニコーン企業を多く輩出するには、「偏り」に対する、私ども親の考えを未来志向にバージョンアップする必要があるのです。

Point

ホームメイド・モンテッソーリ教育

- □男の子だから、女の子だから、という親の偏見がわが子の可能性をつぶしてしまう
- □「こだわり＝探求心」という考え方を持とう
- □自分は自分で良いと認められて初めて、相手のことも認めることができる

keyword 23

誰も正解を知らない！

「テレビ・ゲーム・スマホ・SNS」との付き合い方

「テレビゲームばかりしている子どもに、どのように言えば良いか？」

最近の子育て相談のNo.1がこれです。

専門機関の調査によれば、日本の10～29歳の若者の約33％が1日当たり2時間以上オンラインゲームに時間を費やしているとのことです。

テレビやゲーム、スマートフォンやSNSとどう付き合っていけば良いのか、まだ誰もその答え、その行先に何があるのかを知りません。

一説によれば、現代人が1日に触れる情報量は、江戸時代の人の1年分にもあたり、平安時代の人の一生分にもあたるそうです。

人間の脳の機能がほとんど変わっていないのに、流入する情報量がこのように桁違いに増えてしまったらどうなるでしょう？　現代人の脳は、処理をしきれずあふれ（オーバーフロー）、「ゴミ屋敷」のようになってしまっているそうです。

スマートフォンやテレビゲームから流れてくる膨大な情報を、私たちの脳は知らず知らずのうちに判断処理しています。処理してもまた流れてくる情報に、いつのまにか、情報を受け流すようになり、新しいことにチャレンジする気力を失って、何ごとにも無気力になっていくのです。

Facebook や Instagram を開発したプログラマーはこう言っています。

「時間と注意を、SNS上でできる限り浪費させ、SNS中毒になるようにプログラムを組み込みました」

Facebook に投稿をすると、それに対して「いいね！」やコメントが返ってくる！　嬉しくてまた投稿する！　この瞬間にドーパミンという快感ホルモンが流れるのです。

そして、さらなる快感を求めて投稿を繰り返すようになるのです。スロットマシーンと同じ中毒効果をSNSの中に仕込んだのです。このように、ネット中毒になるように仕組まれた環境の中で私たちは過ごしているのです。

このように中毒性があるものは、世の中には他にもたくさんあります。お酒、たばこ、ギャンブル、違法薬物など……。

しかし、それらはすべて、年齢制限や、法での制限が設けられているのです。

では、テレビゲーム、SNSはどうでしょうか?

わが子を守るためには、使用時間を決めたり、閲覧内容を制限するなり、ご家庭ごとにルール作りをするしか、方法はないのです。

モンテッソーリ教育の中で一番大切な言葉に「集中」があります。

しかし、現代社会はどんどん集中しづらい方向へと進んでいます。

集中して勉強しようと思っていても、友人からLINEが飛んでくる、既読をつけて返信しないと文句を言われる。パソコンで調べものをしていても、AIが自分の好みに合わせた広告を掲示してくる。つい見ているうちに、オンラインで買い物をしてしまう。そして最初に何を調べていたのかさえ、忘れてしまう。

「何で脱線してしまったのだろう」と反省するわけですが、インターネットの世界は、そうなるようにプログラミングされ、仕組まれているのですから仕方がないのです。

これらのネット中毒性が将来の子どもたちに、どのような影響が与えるのか？　その答えをまだ、誰も知りません。

だとすれば、わが子を守れるのは、私たち親しかいません。

何よりも、私たち大人がこの危険性に気づき、自らの生活を見直すことから始めなくてはならないのです。

母親が子どもの話しかけに相づちを打ちながらスマートフォンをいじっていたらどうでしょう？

父親が休日、何時間もテレビゲームをしていたらどうなるのでしょうか？

時代の流れは止められませんし、そのすべてをシャットアウトすることは不可能です。次のようにご家庭でできることから始めましょう。

- 親自らがテレビ・スマートフォンなどのつき合い方を見直す。子は親の鏡です
- 使用時間を自分で決め、自分で終了できるように習慣づける
- キッチンタイマーをセットして、自分でスタートボタンを押して、鳴ったら終了する（これは自立心を養う意味でも有効です）
- 食事の時間にはテレビをつけない、大人もスマートフォンをいじらないなどのルール作り
- テレビを見る時には、家族で見る。そして、一緒に笑ったり、感想を言ったりする。昔のお茶の間のイメージです

これだけで、子どもの脳の活性化は大きく変化します。

何ごとも習慣が大切です。「小学生になったから、今日からテレビは1時間しか見

ません」と、急に言われても子どもは対処できないのです。

校則や県の条例で、ネットゲームの時間を規制しても本質的な問題解決にはなりません。**「この時間内だけはインターネットをシャットアウトして、やらなくてはいけないことに集中する」というオン・オフのスイッチを自分の中に持てるように育てること**が身を守る唯一の道なのです。自分の人生の主人公になって生きていくためには、SNSの言いなりにならずに、自分が主導権をにぎり、使い方をコントロールできる力が必要なのです。

●遊びを創り出せる人間

ここから先は私の持論になりますが、大人も子どもも、ネットゲームよりも面白いこと、大切なことに気づいていないから、人生における時間の多くをインターネット上で浪費しているのではないでしょうか?

確かに、オンラインゲームは面白いです! 私も好きです。しかしそれは、面白くなるようにプログラマーが仕込んだ世界に身を置いているだけで、プログラムの想定の範囲の出来事しか起きません。

言葉を選ばなければ**「遊ばせてもらっているだけ」**とは言えないでしょうか？

AIが人間の仕事の代わりをしてくれる時代には、**「遊びを創り出す人間」と「遊ばせてもらっている人間」の2種類しかいなくなる**と言われています。

わが子には、どちらになってほしいと思いますか？


私たち大人の責任は、スマートフォンやゲーム以外にも、世の中、自然界には面白いことがたくさんあること、SNS上の付き合いよりも、人間同士の生の付き合いのほうがはるかに楽しく、自分の成長になるということを教えることではないでしょうか？

それには、まず私たち大人が、デジタルデバイスから離れ、キャンプでも、釣りでも、スポーツでも、読書でも、夢中になる瞬間を作ることから始めることが必要なのです。

キャンプで1泊したり、初めての場所に旅行に行けば、必ず「不測の事態」が起きるものです。足りないものがあったり、不便なことや危険なこともあるかもしれません。その瞬間に、ＡＩにはできない、工夫や発想の転換が生まれ、私たち人間が本来持っている五感が研ぎ澄まされていくのです。

「感覚の敏感期」にある3～6歳の子どもたちには、五感をフルに活用する、多くの実体験が必要なのです。そうした豊かな実体験の積み重ねの先に「遊びを創り出す人間」への道があるのではないでしょうか？

実体験に満ちたモンテッソーリ教育が今また世界で注目を浴びているのは、こうした背景があるのです。

Point ホームメイド・モンテッソーリ教育

- □ SNS、オンラインゲームにある中毒性に気づく
- □ わが家なりのルールを作り、わが子を守る必要がある
- □ 大人が実体験を楽しむことから始める

keyword 24

ワクワク感を活用しながら自己肯定感の土台を創る

「小学校準備」

年長さんの夏からは、小学校に向けての準備を意識します。

子どもにとって小学校生活というのは、大きなステップアップになります。

しかし、子どもの心理は連続していますので、「はい！　今日から小学生なんだから、全部、自分でやるように！」と言われても無理な話なのです。大人のように「今日から気分一新！」というわけにはいかないのです。

しかし、小学校準備といっても難しく考えることはありません。これまでと同じ、最終目的は「一人でできること」にあるのですから。

「ピカピカの1年生」のように、子どもたちは「期待でいっぱいです」。このワクワク感を活用しつつ、ステップをしっかり踏みながら「一人でできること」を増やしていきましょう。

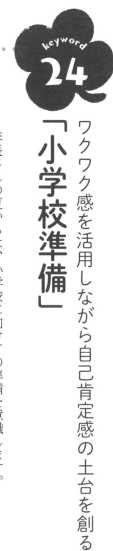

●日常生活の見直し

1 起床時間は何時が適切か？　通学の時間から逆算し、おおよその時間を決めます。

2 自分で起きられるようにするための工夫。目覚まし時計を自分でセットする。朝起きて一番にする活動を決めておくことも有効です。

3 朝食はある程度メニューを決めておく。いつもと同じもののほうが安定する。テーブルセッティングなども自分でできるとより良い。

4 子どもは「ながら」ができないので、朝など多忙な時はテレビをつけない習慣が望ましい。

5 排便は朝食後30分開けるのが理想。登校前に排便をすませる習慣は、一生の財産になるので心がけます。

6 歯磨き、身支度、靴を履く、登校。

7 帰宅後、食事、入浴、就寝　のおおよその時間を決めます。秩序のある生活リズムは、6歳以降も心の安定の土台になります。

8 見るテレビ番組、時間配分なども決めておく。

9 明日の準備を一緒に行う。鉛筆削り、持ち物チェック。ただし、**「1年生の忘れ物は親の忘れ物」**として、最終チェックは親の役割と考える。

※右記のリストを目安にして、わが子の活動を観察してみましょう。そして、つまずいている部分、たとえば身支度をすませて、ランドセルにつめるなどの流れは、夜など、ゆっくりした時間に、親子でゲームのように楽しみながら練習すると効果的です。

●健康・運動

「疲れを知らない子ども」と称されるように、0～6歳の子どもたちは「運動の敏感期」に後押しされ、体を精いっぱい動かす衝動に駆られている時期です。

この時期を過ぎると、私たち大人のように「疲れた、かったるい、効率が悪い」という感情が芽生えてきます。

5歳以降は「運動の敏感期」の最終段階と言えます。たくさん歩き、限界まで体を動かす経験を、たくさんさせてあげましょう。

【学力】

小学校の勉強を先取りする必要はありません。読む、書く、現物を数えるなどの「基礎的な能力の準備」を心がけましょう。

小学校にあがってからの授業は夏休み前まではとてもゆっくりですが、それ以降は、読み書きなど思いのほか速いスピードで進むので基礎をしっかりさせておく必要があります。

●音読

幼稚園・保育園時代は先生の指示が「言葉による指示」でしたが、小学校になると「文章を読んで、自分で考える」という段階に移行するので、読む力は重要です。

1文字ずつの拾い読みではなく、文節をかたまりで読めるように練習をしておきましょう。黙読では曖昧な部分がわからないので、必ず音読を心がけます。

特に「きゃきゅきょ、ちゃちゅちょ」などの「拗音《ようおん》」や、「だぢづでど」などの「濁音《だくおん》」などを注意して聞いてあげましょう。

絵本の読み聞かせで、「。」まで親子交代で音読するなどの工夫も良いでしょう。

●書く

鉛筆で文字が書けるように「筆圧」を上げ、自由に手指が使えるように練習します。

5歳以降は紙の上の「迷路」なども有効です。「道の真ん中を通るのがお約束」とすることで、はやる気持ちを抑えて、丁寧に真ん中に線を引く練習になります。「点図形」という活動で、お手本の通りに写すという活動もこの年齢では必ず体験させたいものです。これらは「小学校受験」のドリルにたくさんありますので、それらを活用するのも一策です。

「迷路」や「点図形」といったドリル系の紙上の活動は、「早くから始めすぎない」ことがポイントです。

お手本を書き写すことは、月齢が低いときは難易度が高いものです。

子どもは実際に起きていることと、紙の上で起きていることを一緒に考えられるまでには時間がかかります。適切な時期を待たずに、親が紙の上で教え込もうとすると、強い反発をして、「紙嫌い」の子どもになってしまう可能性があります。

また、喜んでやるからと言って、ダラダラやりすぎずに、枚数を決めて、もう少しやりたいな！　という気持ちを残し、「面白かったね、また明日やりましょうね」という工夫も習慣づけのポイントです。

●道具を使う

ハサミ、のり、クレヨン、セロハンテープなどの基本的な道具の使い方を、楽しく練習しておきましょう。

「こうしたい」と思ったことを、自分の思い通りにできるということは、豊かな小学校生活の支えになります。道具を自由に操り、豊かな人生を生きるための準備をしてあげましょう。

●数

モンテッソーリ教育における数教育は、小学校入学前にかけ算やわり算を先取りでできるようになることではありません。

「数の世界と魅力」を肌で感じ、手を動かしながら楽しく吸収できるのは、この「数の敏感期」だけなのです。計算ドリルなどを先取りしてやらせるのではなく、数を体で感じられる体験をたくさん積ませて学びの種をたくさん撒いてあげましょう。

Point ホームメイド・モンテッソーリ教育

- □ 1年生になるというワクワク感を活用する
- □ 急な変化は無理なので、時間をかけて一人でできることを増やしていく
- □ 実体験を増やし、学びの種をまいておく

keyword 25

これさえ身につければ大丈夫「自己肯定感と社会に対する肯定感」

3～6歳の間に身につけるべき最も大切なことは、「自分で考える力」をつけることです。そして、考える方向性の土台となるのが**「自己肯定感」**と**「社会に対する肯定感」**なのです。

自己肯定感というものは、決してうぬぼれではなく、**「私はどんな場所、どんな状況になっても、そこそこ、何とかやっていけると思うよ！」**といった、**楽観的な自信**と言えるでしょう。自分の存在を認めて、自分を好きになっている状態です。他人と比較することなく、他人のせいにせずに、自分軸で生きていく土台となります。

社会に対する肯定感というのは、**「世の中にはたくさんの人がいるけれど、悪い人ばかりではないのだから、何か困ったことがあったら、誰かに聞き、頼りにすればいい**

いや」という、人間に対する楽観的な受け止め方で、人間関係のコミュニティを作る土台になります。

私はこの2つの肯定感さえ備われば、人は必ず幸せに生きていけると真剣に信じています。逆にこの2つが身についていなければ、どんなに立派な大学を出ても、どんなにお金持ちになっても、幸せになれないと思うのです。

物事を考える時に、肯定的なフィルターを通すのと、否定的なフィルターを通して考えるのとでは、人生が180度違ってきてしまうからです。

では、どうしたら、この2つの肯定感は身につくのでしょうか？

肯定感が芽生える瞬間

人気テレビ番組『はじめてのおつかい』を一度は見られたことがあると思います。登場する子どもは、みな3歳を過ぎるころ。歩けるようになり、自分の考えが言葉にできるようになったころです。

番組に登場する子どもにとって一番大事なことは、「自分で行くと決める」ところにあります。

不安がいっぱいでも、お母さん、お父さんの役に立ちたいという思いで決心したからこそ、犬にほえられても、道に迷いながらも最後まで頑張れるのです。そして、自分で決めて、自分一人でできた！　という達成感が自己肯定感の芽となるのです。

そして、はじめて一人で歩く街の中で、道すがらのおじさんや、お店のおばちゃんの優しさに直に触れることで、「世の中にはパパ、ママ以外にも親切な人はいるんだな」「人というものは信頼していいものなんだ」という社会に対する肯定感の芽が生まれるのです。ホームメイドでできるヒントがたくさんありますね。

「かわいい子には旅をさせろ」とはよく言ったものです。

新しい時代に必要な能力を身につけるには？

現代社会で傑出した成功を遂げている方々とお話ししていると、「若いころにした、ヒッチハイクやバックパッカーなどで世界を放浪した経験」をあげる方が多くいます。

彼らのそうしたグローバルな経験が現在の成功のきっかけになっていることはまちがいありません。

しかし、それ以上に大切なのが、根本的にヒッチハイクや、バックパッカーなどという経験は、**自己肯定感と社会に対する肯定感がなければ決してできない**ということです。

自分を信頼し、人を信じることからすべてが始まっているのです。

彼らの成功の土台は、そうした経験に培われた2つの肯定感にあるのだと思います。

これからの世の中を生きていくわが子に、自由の翼として「2つの肯定感」を授けてあげましょう。

日々の生活の中で肯定感を育てるサイクルとは？

その1「自分で決める」

どんなことでも、自分で決めることから始めます。靴を履く、服を着るのも、二者択一「どちらにしますか」という自己選択ができる工夫をしましょう。

三者択一の「どれにする」までは可能です。しかし、その上の「どうするの？」の問いは6歳以前には難しい質問になるので使いません。

その2 「一人でできるように手伝う」

自分で決めて、自分でできたという体験こそが自己肯定感を生みます。私たち親ができるのは、「どうしたら一人でできるか？」だけを考え、環境を整えることです。

親に代わりにやってもらって結果を得ても、自己肯定感は育たないばかりか、「やっぱり僕はママがいないとできないんだ」という否定感を植えつけることになります。

もし、手助けをする時には**「お手伝いしてもいいですか？」**というひと言を心がけましょう。モンテッソーリ教育は、このひと言を大切にしています。

その3 「認める」

自分で決めて、自分で最後までやり遂げた時には、単にその結果をほめるのではなく、そのプロセスを認めてあげるように心がけましょう。

どんなに小さいことでも、子どもにとっては初めての体験、冒険なのです。「一人で最後まで頑張れたね」そのひと言で十分です。

そして、「ありがとう。パパ、ママはほんとうに助かりました。あなたのおかげです」と伝えることで「自分は社会役に立っている、社会に認められているという自己有用感」を感じ、人を信頼する社会に対する肯定感の土台ができ上がります。

Point

ホームメイド・モンテッソーリ教育

- □「自己肯定感」と「社会に対する肯定感」の土台が3～6歳にできる
- □「どっちにする?」➡「どれにする?」は有効。「どうする?」は6歳以降
- □「自分で決めて、自分でできたこと」を認めてあげましょう

keyword 26

6歳以降も子どもはどんどん変化する

「児童期・思春期・青年期」

「モンテッソーリ教育は6歳で終わりなんですか？」と聞かれることがよくあります。海外では中学校までモンテッソーリ教育を受けられる環境（エレメンタリースクール）が多数あり、アメリカでも350校以上あります。

残念ながら日本で小学校のモンテッソーリ教育を受けられる施設は一桁というのが現状です。こうした環境的な遅れを埋め合わせていくには数十年単位の努力が必要です。

しかし、わが子はどんどん成長していきます。親のバージョンアップでこれから対応していくしかありません。冒頭でお話しした「発達の四段階」にもどり、子育ての予習を進めましょう。

今、わが子がいる第一段階「0～6歳の乳幼児期」を過ぎて小学校に入ると、第二段階の「児童期」に入ります。

●第二段階「児童期＝小学校の6年間」

心も体も順調に成長する安定した時期です。「莫大な記憶が可能になり」「覚えたことを半永久的に忘れない」という素敵な時期でもあります。

認知症になって、自分の家族の顔を忘れてしまっても、この時期の記憶だけは残っているのはこのためです。

したがって、勉強にはとても適した時期といえます。首都圏で中学受験をすると、小学校4～6年生は進学塾などに通い、夜遅くまで勉強することになりますが、「学んだことを忘れない時期」という視点からすると、苦労が報われる気がします。

「ギャングエイジ」にご用心

児童期は心身共に安定した時期なのですが、小学校4年生くらいから、子どもの内面に変化が始まります。「対人関係」の変化です。

それまでは、家庭が中心であったコミュニティが広がり、友人関係の重要性が高まってきます。

友人といっても、それまでは、家が近所だから、親同士の仲が良いから、といった物理的なつながりでつき合ってきましたが、この年代からは「自分たちの考え方・価値観・趣味が一致する」友人へと大きくコミュニティが変化していくのです。

この年代の男の子が4、5人で徒党を組んで自転車で街中を駆け回る姿は、いつの時代にもある行動です。これを「ギャングエイジ」と称したわけです。

グループ内では役割、序列なども生まれてきて、実社会に出るまでの準備が始まっているとも言えます。映画『スタンド・バイ・ミー』はギャングエイジの少年たちの心の成長を描いた名作ともいえます。

女の子もファッション・趣味などの価値観から、グループ分けがはっきりします。仲間意識の強さの反動で、仲間外れ、いじめなどが生じ始めるのはこのためです。

それまで、休日はいつもパパとお出かけしていた娘から「今日はお友達と出かけるからパパ、バイバイ」などと言われてショックを受けるのもこの時期です。

ショックな気持ちはわかりますが、これも、「順調な成長」と考え、親の視点をバージョンアップしてください。

●第三段階「思春期＝中学・高校時代」

心身ともに安定していた児童期を過ぎ、**心身ともに不安定な第三段階「思春期」**がやってきます。

それまでは、外に向いていた子どもの意識が、思春期に入ると内に戻ってきます。「いったい自分は何者なのだろう」「いったい自分は他人からどう見られているのだろう」ということがとても気になってきます。

理想の自分と、現実の自分の大きなギャップに心悩ませ、その行き所のない大きなエネルギーが「いじめ・ひきこもり・家庭内暴力」などとして現れます。ニュースで青少年の心痛む事件に、必ず中2、中3が絡んでいるのは、偶然ではなく必然だったのです。そして、親とのコンタクトを極端に避けるようになるのもこの時期からです。これは自立～巣立ちへの準備段階と考えましょう。親の影響力は低くなっていくことを認めなくてはいけません。

この成長の大きな流れを無視して、今までと同じアプローチや、威圧的なコントロールを試みると、大きな歪《ひずみ》を生むことになります。

会話の頻度は下がっても、コミュニケーションの扉が完全に閉ざされてしまわぬように、注意する必要があります。

親の影響力が下がるのと反比例して、影響力を増してくるのが「友人」です。今までの仲良しグループからさらに深まり、**親にも話せない秘密を共有する「親友」**ができます。また、部活動の先輩や、大人であっても自分を客観的に理解してくれる教師、塾の先生などの影響を強く受けるようになります。

思春期に突入したら親のコントロールは効かなくなり、まわりの人的環境の影響を強く受けるということなのです。したがって、思春期において親にできる最大にして唯一の援助は**「環境を選択する」**ことなのです。中学受験などで学校を選ぶ時には、偏差値だけでなく、こうした視点を持つことが大切になります。

体力面でも女の子は初潮を迎え、男の子は夢精などを経て、ホルモンバランス、体質ともに大きな変化の過程に入ります。モンテッソーリは思春期の子どもの危うさを「脱皮したてのカニのようだ」と称したほどです。

外見はどんどん成長しているように見えますが、内面でも、こうした大きな変化が起きています。親のアプローチのバージョンアップが絶対に最も必要な時期と言えます。

チョウチョの成長で言えば「さなぎ」の時期とも言えます。この時期は、いじくり回さずにそっと見守ることがベストとも言えます。

そして「○○期というものには、必ず始まりがあって、終わりがある」ということを思い出してください。**暗雲立ち込める思春期も、時期が過ぎれば、スッキリ晴れ渡る時が来る**からです。時期が来れば、第四段階の青年期に移行していきます。

●第四段階「青年期18～24歳」

青年期になると「内に向かっていた心が、もう一度外に向かって開かれていきます」。自分はどうやって社会に羽ばたいていこうか、職業はどうするか、どんな人と家庭を作っていくかなど、将来に目を向けるようになります。

チョウチョがサナギから羽化して、あのきれいな成虫として羽ばたいていくかのごとくです。

この時期には、より社会を広く見せ、視野が広がるような体験が有効になります。大学、大学院、留学、就職など、外へ羽ばたいていくチャンスを一緒に考えてあげましょう。

大学生だなんて、わが子の今の年齢からすればはるか先のことのように思われるでしょう。しかし、必ず通る道なので予習しておきましょう！　落ち着いてわが子の長期的な「教育プラン」を考えるには3～6歳が最適な時期です。

▲青年期をすぎて羽ばたく

Point

ホームメイド・モンテッソーリ教育

- □ 6歳を過ぎてもわが子の変容は続く
- □ 児童期は安定しているが、ギャングエイジに注意する
- □ 思春期は「サナギ」、静かに見守ることも大切
- □ 青年期は視野が広がる体験をさせてあげましょう
- □ 小学校前に長期的な「教育プラン」を考える

keyword 27

大人も成長し続ける「人間の傾向性」

発達の四段階を経て24歳をすぎて大人になったら、人間はもう成長しないのでしょうか？

そのようなことはありません。人間は命が絶えるまで成長し続けるのです。

その基調となるのが、モンテッソーリが提唱した**「人間の傾向性」**なのです。

人間の傾向性とは？

人間の内側から駆り立てるような強い力で、人がより人間らしく生きるために私たちを後押ししてくれる衝動である。人間の傾向性は、生まれた時代や国、民族、社会、経済にかかわらず、大昔の人から、現在、そして未来の人々の中に普遍的に息づく根本的なものである。

これから世の中は大きく変わり、その変化をすべて予測することは不可能です。だからこそ、**「変わらないもの」**に目を向け、大切に育てなくてはいけないのです。人間として変わらない力こそが「人間の傾向性」なのです。

この人間の傾向性を理解することは、私ども親自身の人生を理解することにつながります。

モンテッソーリが提唱した人間の傾向性の中から、特に大切な3つに絞ってお伝えします。

❶見当識（自分が今どこにいるかを知る）orientation

たとえば皆さんが海外旅行で初めて宿泊するホテルに着いたらどんな行動をするでしょうか？

まず部屋中を探索するはずです。トイレはこうなっているんだ、金庫はここ、非常口はこっちの方向かぁ！　地図を広げて「あぁこの場所に今いるんだ！」このような感じだと思います。

自分の今いる場所を確認して初めて、安心して、「お茶でも一杯飲みましょうか？」

となるわけです。

こうした**自分の位置を知り、安心する傾向性を「見当識（オリエンテーション）」**と言います。

幼い子どもも同じ行動をします。初めての場所に連れて行かれると、最初は不安そうにママの後ろに隠れていますが、そのうち安心してプラプラと探索を始めて、確認し、安心するのです。

実は原始時代の人も同じ行動をしていました。探索をして洞穴を見つけ、水飲み場を見つけ、壁画などで目印を描き、安心して定住を始めたのです。

私たち人間にとって、この見当識で自分の今の位置を確認することが、いかに安心を支えているかおわかりいただけると思います。

実は歳をとり、認知症になると、この**「見当識」が真っ先に失われる**のです。見当識が失われると、自分の今いる場所がわからなくなるから「徘徊《はいかい》」したり、不安で家に帰りたいと訴えるのです。

わが子にも「見当識」をしっかり身につけて、不確実な時代を生き抜いてほしいものです。

しかし、現代社会ではこの見当識が退化していく傾向があります。

その一例が「カーナビゲーション」です。昔は地図を広げ、方位磁石で方向を確認することで「見当識」をフル活用する機会がたくさんありました。しかし、現代はカーナビ任せで、機械の指示する通りに従うだけです。

ＡＩにすべてを任せる時代が到来した時に、人間に必要な能力とは、機械が推測できない不測の事態の時にどう判断するかにかかってきます。こうした不測の時代をわが子が生き抜いていくために、人間が本来持っている本能的な能力が重要になってきます。

旅行、キャンプなど初めての場所で、初めての実体験をする時に、見当識はフルに稼働します。ウェブや機械の力に頼らない環境を、親が意識的に多く作らなくてはいけない段階に入っています。

実体験に富み、人間本来の感覚が養われるモンテッソーリ教育が、１００年以上経た今、世界で再注目されている理由はこんなところにもあるのです。

❷「環境に適応する」傾向性

人間の赤ちゃんはまったく無力で生まれてきます。しかし、6歳になるころには、生まれ落ちた国、地域、文化に「適応」して、その国の言語まで完全に吸収していきます。だからこそ、人間はあらゆる地域に生存できるのです。

昔は、生まれ落ちた自分の村の暮らしに適応すればそれで十分でした。隣の村は外国のようなものでしたから、自分の村のしきたりに従っていれば良かったのです。

しかし、現代社会はどうでしょうか？

オンラインで世界が結ばれ、ありとあらゆる国の情報が手に入り、ありとあらゆる人々の主義主張が耳に入ってくるのです。子どもたちはいったい何を信じ、何に忠誠心を持てば良いのでしょうか？

現代社会はこうした心の土台をどこに置くか？　がとても難しくなってきます。そうした意味で、心の教育、道徳、倫理、宗教が見直されなくてはいけない時代が到来しています。

私ども親も、子どもに本当に伝えなくてはいけないことを見失わないよう意識しなくてはならない時代なのです。

❸探求し、向上する傾向性

動物は獲物を捕らえ、満腹になれば休憩します。しかし、人間はそこで立ち止まることなく、より効率良く狩りをする方法を考え、より美味しく食するように調理方法を考えます。これが人間だけにある**「探求し、向上する傾向性」**なのです。

何歳になっても自分ができることを突き詰め、その成果を次世代に伝える努力を繰り返してきました。だからこそ、人類は繁栄してきたのです。

たとえば、フグは食べると危ないことは誰でも知っています。

しかし、なぜ知っているのでしょうか？　これまでに何万人という人が命を落とし探求することで安全な料理法まで行きつき、次の世代に伝えなくてはという想いで伝承されてきたのです。私たちの現代文化はすべて人間が探求し、向上するという傾向性の積み上げの上に成り立ってきたのです。

ですから、私たち大人も、探求し向上し、次の世代に伝承していく責任があるのです。

これからの不確定な時代だからこそ、「変わるものと、変わらないもの」をしっかり見極めて生きて行かなくてはなりません。
「変わらないもの」こそが、この「人間の傾向性」なのです。

Point
ホームメイド・モンテッソーリ教育

- □大人になっても人間の傾向性に導かれ、成長し続ける
- □見当識によって自分の位置を知り、安心する
- □環境に適応することで人間は生存してきた
- □探求し、次の世代に伝えることで世界は進化する

keyword 28

0〜3歳が最適！「わが子の教育プランをたてよう」

この項では、**モンテッソーリ教師の立場を離れて語ります**。急に話が現実的になることを、お許しください。

私はモンテッソーリ教師であると同時に、4人の子どもを育てた父親でもあります。0〜6歳の敏感期はとても重要です。しかし、子育ては0〜6歳で終わるわけはなく、むしろスタートであり、これから問題は続々と発生してきます。子育てはきれいごとではすみませんし、本の通りにもいきません。教育にはお金がかかるのも現実の話なのです。

だからこそ、3〜6歳の間に、わが子の将来に対する「教育プラン」をたてることが絶対に必要なのです。

「教育プランって？　うちの子はまだ3歳ですよ！」

そんな、声が聞こえてきそうですね。

その通りです。まだ3歳だから、将来のプランがたてられるのです。

小学校に入って本格的に勉強が始まってしまうと、目の前の現実に追われて、プランをたてるどころではなくなってしまうからなのです。

「プランなんかたてたって、どうせプラン通りになんかいかないから！」

その通りです。プランをたてても、子どもは思い通りには育ちません。プランの修正が必要になります。しかし、最初にしっかりした目的地を決めたプランがあればこそ、途中の進路を修正できるのです。

教育プランがなければ修正すらできません。情報に流されて行き当たりばったり！継ぎはぎだらけの子育てになってしまいます。

「親も子どももくたびれ果て、教育資金も使い果たしてしまいました」、そういった段階になってから子育て相談に来るご家庭がたくさんあるのです。

子育てではご家庭の方針が大切ですが、育てる地域によって大きくプランが違ってきます。ここでは、首都圏と地方都市に分けてプランのたて方をお話しします。

首都圏の場合

首都圏では、中学受験率が高い地域も多く、中には小学校受験という選択肢も出てきます。

「わが家は地元の公立と決めているので、プランなど必要ありません」というご家庭もあるでしょう。しかし、中学受験率が高い地域だと、子どものほうから「塾に行きたい」と言い出し、予定していなかった中学受験に流れ込んでしまうケースが多いのです。高層のタワーマンション住まいだと特にその傾向が強くなります。

私は中学受験を否定するつもりはありません。児童期に学ぶことは素晴らしいことです。しかし、その過酷さを親はしっかり認識してから突入していただきたい。

中学受験には学習塾が不可欠です。小学校の6年間のうち、半分の3年間は塾通いに費やすことになるのです。

そして、塾代が格段に高い！　大手塾であれば、塾代に毎月10万円は確実にかかります。塾代に10万円ですよ！

「子どもが塾に行きたいと言い出したから」とか、「学童のつなぎで塾に行かせました」などと言って、何となく始めると、家庭も家計も大変なことになるのです。


繰り返し申し上げますが、「中学受験をするな」と言っているわけではありません。しっかりした目的と覚悟と、準備、情報収集をして「教育プラン」をたてていただきたいのです。

「わが子の思春期の環境を選ぶ」という意味でも、中学受験はとても有効です。塾の言いなりになって、偏差値だけでわが子の学校を決めないように、しっかりと情報を収集してください。

地方都市の場合

「うちは地方なので、中学受験なんかする学校もありません。だから、プランなんかたてようがありません。県立○○高校を目指すだけです」、そのような地域も多いと思います。

私は北は北海道から、南は奄美大島まで、全国で子育てセミナーをしています。ほとんどが、私立中学がない、地元のナンバー1の県立高校を目指す地域ばかりです。

それでも教育プランは必要なのです。なぜならば、どの親御さんに聞いても、「そうは言っても、大学は東京、大阪というのは仕方ないですよね」というご家庭がほとんどだからです。どんな地域から上がってきても、最後の大学受験は全国大会のガチンコ勝負になるということです。だから、それまでの戦い方を考えておく必要があるのです。

地方には地方の戦略というものがあります。
キーワードは「英語」です。

地方で中学受験をしなくてすむということは、小学校時代にじっくりと子育てをする時間がありますし、塾代をかけなくても良いという大きな余力が生じるのです。

ここで生じた余力を「英語教育」につぎ込むことが可能になります。「英検」を粛々と取り進め、高校生で「準1級」レベルに到達しておけば、首都圏の中学受験組と互角に戦うことができるのです。117ページでお話しした英語教育のメリット、デメリットをよく理解して教育プランをたてましょう。これが地方の戦略です。

では、教育プランをたてるには、どこから取りかかれば良いのでしょうか？

一番大切な最終目的地は**「わが子の幸せ」**にあります。受験は手段であって目的ではありません。

ステップ1 幸せの基準を創る

子育ての最終ゴールは、偏差値の高い大学に合格することでも、世間から羨望《せんぼう》のまなざしで見られる企業に就職することでもありません。

教育プランの最終ゴールは、そうしたプロセスの先の「わが子の幸せ」にあるのです。まずは、わが子にどのような幸せをつかんでほしいか？」、まずはこの話し合いから始めましょう。

わが子が生きていく将来は、私たちが生きてきた現在とは大きく違います。そうした、まだ見ぬ未来に、どのような力をつけて世に出してあげたいかが大切な課題です。その話し合いから始め、幸せの基準を創ります。その最終ゴールに向けての教育プランを組み立てていくのです。

ステップ2 ご両親の情報をリセットする

ご両親の話し合いでは、様々な食い違いも出てくると思います。ご夫婦といえども、違った環境、地域で育てられてきたわけですから、人生観、幸せ感も違うはずです。だから、早めに話し合いをする必要があるのです。

また、その話し合いの土台となる情報も、自分たちの学生時代から大きく変化しています。最新情報にバージョンアップする必要があります。

ステップ3 わが家の状況を把握する

わが子の「教育プラン」と併行して考えなくてはいけないのが**「教育資金プラン」**で

す。現実問題、子育てにはお金がかかります。

いくら理想の教育コースを考えても、教育資金の裏づけがなければ「机上の空論」で終わってしまいます。

自分たちの現在の年齢と、わが子が大学を出た時に自分たちは何歳なのか？ お母さんは専業主婦か、共働きか？

子育ての拠点となる地域はどこにするのか？ 転勤の可能性はあるのか？ 持ち家か？ 賃貸か？ 現在の預貯金は？ 今後の収入の伸びをどう予測するか？

教育資金につぎ込むということは、自分たちの老後資金を費やすということでもあります。このバランスを考えることは現代社会の大切な問題なのです。

「お前の教育費にお金をかけすぎたから、俺たちの老後の面倒は頼む！」、こうならないように、教育資金プランが必要なのです。

こうした長期の教育プランを考えるには、３〜６歳の間が最適です。ぜひ、ご家庭で話し合いの時間を設けてください。

keyword 29

子育てのバイブル
「モンテッソーリ教師の心得12条」

私どもモンテッソーリ教師が卒業証書と共にいただく大切なものに、「モンテッソーリ教師の心得12条」というものがあります。

モンテッソーリが現場での教師の指針として残したもので、私も額に入れて子育てサロンの一番目立つところに掲げています。日本で一般にいわれている先生とは違う存在であることがはっきりわかると思います。

「ホームメイド・モンテッソーリ」は、皆さまのような親御さんがモンテッソーリ教師になることを目的としているわけではありません。

しかし、親としてわが子を見守るスタンスとして、非常に学ぶことがあるのでお伝えします。

❶環境を整備しなさい

教師の最も重要な仕事が「環境の整備」である。何かを教え込んだり、導いたりすることではなく、子どもの自主性を信じ、成長に合った環境を準備することがモンテッソーリ教育の神髄であることがよくわかります。

「子どもは本来自分の中に自分を育てる力を持っていて、適切な時期に、適切な環境が与えられれば、自分で成長していく」、これがモンテッソーリ教育の原点なのです。

❷教具・教材をはっきり正確に提示する

子どもが活動を選んだ時に、使い方がわかるように、言葉だけで伝えるのではなく、正確なやり方を、順序良く、ゆっくり見せてあげる。

❸子どもが環境と交流を持ち始めるまでは積極的に、交流が始まったら消極的に接する

子どもが環境と関わるきっかけが持てるように活動に誘う。ただし、活動が始まったら集中の邪魔をしないように、距離を置き見守る。

❹ものを探している子どもや、助けが必要な子どもの忍耐の限界を見守る

自分が何に集中したら良いか迷っている子どもや、支えが必要な子どもを注意深く観察し、助けを与える適切な時期を待つ。

❺呼ばれたらすぐに駆けつけ、言葉をかわす

子どもから求められたら必ずそこに行き、言い分を聞く。

❻子どもに誘われたときは、求めていることをよく聞く

言葉を聞くだけでなく、子どもを観察することを通して、言葉にならない要求や、うまくいかない部分を読み取る。

❼仕事をしている子どもを尊重し、妨げたり、話しかけたりしない

子どもが集中して活動をしている瞬間が一番大切だと理解し、決してたずねたり、中断させたり、妨げたりしない。

❽間違いはあからさまに訂正しない

すぐに叱ったり、過ちを指摘しない。繰り返し活動をする中で、自ら過ちに気づくのを待つ。過ちを乗り越えるのに必要な最低限の援助をする。

❾休憩している子どもには、無理に仕事をさせない

休憩していたり、他の子の作業を見ている時は、そのままにしておく。注意したり、無理に活動をさせない。

❿作業を拒否する子どもや理解しない子どもは、忍耐強く誘い続ける

一度誘ってみて拒否しても「じゃあ、また今度やりましょうね」と言い、後日また誘ってみる。

⓫教師は自分を探す子どもに存在を感じさせ、見出した子どもからは身を隠す

「いつでもあなたのことを見ていますよ」という存在を感じ、安心して活動に集中できるように心がける。安心したら上手に距離をとり、見守る。

⑫教師は仕事を終えた子どものところに姿を現し、自らの精神を静かに贈る

活動中は距離を置き、活動が完了したころを見計らって、一人で最後まで頑張ったことを認める。

いかがですか？　教室の前で、黒板に書いた文字を、生徒に書きとらせる日本の教師のスタンスとずいぶん違うことがおわかりいただけたと思います。

その根底には、教師と生徒、親と子ども、という上下の関係ではなく、一人の人間として敬意をもって接する姿勢が感じられると思います。

そして、いかに「子どもが集中している状態」を大切にしているかが現れています。とかく親は、目の前にいて、頑張っている子どもに励ましの声をかけ、行き詰まったら代わりにやってあげ、できたら、拍手をして賞賛してしまいがちです。

そのような、**「よかれと思って」**親がやってきたことが、すべて集中の邪魔であったことに気づかされます。

ホームメイド・モンテッソーリにおいて、一番大切なことは、私ども親のスタンスをしっかりと持つことです。

ぜひ、ご自分なりに解釈して、共感できる部分から取り入れていただきたいと思います。

keyword 30

私は地球人です「真のグローバル化と世界平和」

モンテッソーリ教育では、ビッグバンにより宇宙が誕生したことから話しが始まります。

広大な宇宙の中の、銀河系の中の、太陽系の中の、地球に私たちは住んでいることを伝えます。

これは、モンテッソーリ教育の「地球儀」です。

▲モンテッソーリ教育の地球儀には国境がありません

茶色と青の2色しかありません。子どもたちにはこう伝えます。「水色でスベスベしているのは海です。茶色でザラザラしているところを陸と言い、私たち人間はみな陸の上に住んでいます。

そこには、国境はありません。国境というものは、人間が後から勝手に作ったもので、本来は皆おなじ**「地球人」**なのだという概念を伝えます。

その上で、国境がある普通の地球儀を見せ、日本の位置を確認します。

どうでしょう？　私たちが日本の教育で学んできたのとは、まるで逆であり、スケールの違いがおわかりいただけたでしょうか？

日本において、真の国際人が育たない理由がここにあるのです。

英検を一生懸命取得しても、真のグローバル人は生まれてきません。

世界においても、「自国第一主義」が色濃くなる一方です。人間が勝手に作った国境に囚われて、難民や領土問題が後を絶ちません。

現代社会は、真のグローバル化から、どんどん遠のいているのです。

人類はみな「平和」を望んでいます。それは事実です。

しかし、その平和とは、単に戦火がやんだ状態をいうのでしょうか?
本来の平和とは人の心の中に宿るものです。国境の分け隔てなく行き来し、経済の格差がなくなり、餓死するような人がいなくなり、心から安心できる状態を指すのです。

モンテッソーリはこうした真の平和は、政治や経済によってではなく、教育によってのみ達成できると主張したのです。
教育によって子どもたちの心の中に「自分を思いやる自己肯定感」と「人を思いやる社会に対する肯定感」が宿って初めて、真の平和の礎ができると言い切っています。

1946年12月に、スコットランドにいたモンテッソーリは、今の国籍はどこにあるのですか?　と聞かれた時にこう答えました。

「私の国は、太陽のまわりを回っている星、地球と呼ばれているところです」

０～６歳の何も描かれていない子どもの心の真っ白いキャンパスに「私たちは地球人」なんだというひと言からを描き入れることから、真の世界平和は始まるのだと思います。地球規模で世界を見る眼が必要なのです。

私は前にもふれましたが、Google Earth のアプリを初めて操作した時に、その次元の高さにとても驚きました。宇宙から見た視点から、一気にわが家の映像にまで絞り込む地球レベルでのシステムは、創始者のラリー・ペイジとセルゲイ・ブリンがモンテッソーリ教育で育ったからこそ、完成できたのだと確信しました。

Facebook のマーク・ザッカーバーグは国境のない「世界通貨リブラ」を生み出そうとしています。

Wikipedia のジミー・ウェールズは世界の百科事典を、オンラインでつなぎ、誰でも無料で活用できるようにしました。

Amazon のジェフ・ベゾスはアマゾン川のように世界中の流通をつなげようとしています。

そして彼らは、事業により得られた巨万の富の一部を、幼児教育にあて始めています。

これからの時代は、経済的に成功するだけでなく、地球人という世界的な視野から、いかに平和的な影響を与えるかが問われる時代になります。

モンテッソーリ教育で平和の授業を行った時に、子どもたちに真顔でこう聞かれました。

「何で国境なんてあるの？」

「関税ってなぁに？」

「何で同じ地球人なのに殺し合わなくてはいけないの？」

この質問にあなたならなら、どう答えるでしょうか？

まず、私たち大人が世界観、平和感をバージョンアップすることから始まるのです。

おわりに

この本が書店に並ぶ頃には、私は４人目の孫を腕に抱いている予定です。これから生まれ落ちる孫は、そこから80年を超える人生をスタートすることとなるのです。

希望に満ちた人生を歩んでほしいと願っています。しかし、心配なこともたくさんあります。

地震、異常気象、資源の枯渇、戦争など、考えたくもありませんが、80年の期間で考えれば、様々なことが起きることを前提に生きていく必要があります。

そうした、想定外の事態が起きた時には、ＡＩの指示も、詰め込んだ知識も、マニュアルも役に立たないでしょう。自分の身についた、人間だけが持つ感性、感覚、判断力だけが頼りになるのです。

彼らが生きていくこれからの世界は、私たち大人がこれまでに築いてきた世界なのです。そこから、目を背けることは許されません。

他人のせいにすることなく、国家のせいにすることなく、この時代を生きた一人の人間として、次の世代に責任を取らなくてはいけないのです。

私たちにできて、次の社会に貢献できることは何でしょうか？

それは、目の前にいる子どもに正しい環境を整えることです。自分で生きていける一人の人間として世に送り出すことです。これほど地道で、確実な貢献はありません。

本書もその一助になればと願っています。

しかし、それらを阻むのが**「教育格差」**の問題です。

教育格差が生まれるには2つの大きな理由があります。一つは、**「地域格差」**です。親が望む教育を受けさせたいと思っても、子育てをする地域によって大きな格差があります。

そしてもう一つは、**「収入格差」**です。金額面から本書の購入をためらったご家庭もあるはずです。この2つの格差は日本において、さらに大きくなっていきます。

特に、0歳から6歳という敏感期における教育環境の格差は、後で取り返すことができない成長の差を生んでしまうのです。

しかし、こうした教育格差は、親がわが子の成長に対する正しい知識を得ることで解決することができます。モンテッソーリ教育に基づいて子育ての予習をすることで、子どもたちを取り巻く環境を大きく変えることができます。

それを可能にするのがSNSの力です。

本書の中でSNSのデメリットばかりお伝えしましたが、逆にそのメリットは計り知れません。良質の情報を、無料で、いつでも、どこにいても受け取れる時代になったのです。

この力で地域格差も収入格差も解消することができるのです。

書籍とYouTubeとメールマガジンを連動し、**「モンテッソーリ教育を、いつでも、どこでも、誰にでも」**を実現することが私のライフワークです。

ご賛同いただける方は、左記のＱＲコードからメールマガジンを登録し、お役立ていただければ幸いです。

最後に、短い話を残します。

小さい男の子が一生懸命に「みどり色の牛」の絵を描いていました。
先生が近づいて『みどり色の牛なんていないわよ』と注意をしました。
するとと男の子はおちついて
『だから描いているんだよ』と答えました。

『国境のない教育者』（学苑社）より

QRコードからメールマガジンを
登録してください。
モンテッソーリの特別記事や
無料講演会のお知らせを
お送りします。

モンテッソーリ教育を
いつでも・どこでも・
だれにでも

3〜6歳《さい》までの実践版《じっせんばん》
モンテッソーリ教育《きょういく》で自信《じしん》とやる気《き》を伸《の》ばす！

著　者——藤崎達宏（ふじさき・たつひろ）

発行者——押鐘太陽

発行所——株式会社三笠書房

〒102-0072 東京都千代田区飯田橋3-3-1
電話：(03)5226-5734（営業部）
：(03)5226-5731（編集部）
https://www.mikasashobo.co.jp

印　刷——誠宏印刷

製　本——若林製本工場

ISBN978-4-8379-2815-7 C0030